MW01702997

有機雜糧健康食譜　總表

項　　　目	黃豆	黑豆	紅豆	綠豆	豌豆	米豆	扁豆	埃及豆
熱量	416仟卡	343仟卡	332仟卡	346仟卡	343仟卡	349仟卡	338仟卡	364仟卡
蛋白質	36.5公克	23公克	19.6公克	23.2公克	23公克	11.4公克	28.1公克	19.3公克
碳水化合物	30.2公克	61.7公克	64.4公克	63.4公克	61.6公克	73.1公克	56.8公克	60.5公克
脂肪（總）	19.9公克	1.4公克	0.26公克	1.25公克	1.7公克	1.37公克	0.958公克	6.05公克
飽和脂肪酸	2.89公克	0.361公克	0.093公克	0.382公克	0.302公克	0.345公克	0.135公克	0.625公克
單元不飽和脂肪酸	4.41公克	0.122公克	0.23公克	0.18公克	0.149公克	0.122公克	0.163公克	1.36公克
多元不飽和脂肪酸	11.3公克	0.6公克	0.54公克	0.421公克	0.794公克	0.58公克	0.447公克	2.7公克
次亞麻油酸	1.33公克	0.274公克	0公克	0.029公克	0.149公克	0.244公克	0.096公克	0.101公克
亞麻油酸	9.95公克	0.328公克	0.054公克	0.392公克	0.645公克	0.334公克	0.351公克	2.59公克
膽固醇	0毫克	0毫克	0毫克	0毫克	0毫克	0毫克	0毫克	0毫克
纖維	15.7公克	15.1公克	13.3公克	8.27公克	20.8公克	26.6公克	12公克	19公克
維他命A	2IU	2.6IU	2.6IU	6.6IU	272IU	284IU	4IU	7IU
維他命B1	0.876毫克	0.635毫克	0.298毫克	0.542毫克	1.13毫克	0.364毫克	0.475毫克	0.477毫克
維他命B2	0.871毫克	0.153毫克	0.167毫克	0.203毫克	0.56毫克	0.532毫克	0.245毫克	0.212毫克
菸鹼酸	1.62毫克	1.31毫克	1.87毫克	1.91毫克	8.88毫克	5.04毫克	2.62毫克	1.54毫克
維他命B6	0.377毫克	0.18毫克	0.249毫克	0.222毫克	0.718毫克	0.233毫克	0.536毫克	0.535毫克
維他命B12	0微毫克	0微毫克	0微毫克	0微毫克	0微毫克	0微毫克	0微毫克	0微毫克
葉酸	375微毫克	385微毫克	314微毫克	523微毫克	276微毫克	458微毫克	432微毫克	557微毫克
泛酸	0.79毫克	0.629毫克	1.12毫克	1.35毫克	0.443毫克	0.554毫克	1.85毫克	1.59毫克
維他命C	6.02毫克	0毫克	0毫克	3.3毫克	170毫克	7.92毫克	6.2毫克	4毫克
維他命D	0微毫克	0微毫克	0微毫克	0微毫克	0微毫克	0微毫克	0微毫克	0微毫克
維他命E	4.3毫克	0.209毫克	0毫克	0毫克	1.66毫克	0.36毫克	0.3毫克	3毫克
鈣	277毫克	70.1毫克	72.8毫克	89.2毫克	106毫克	460毫克	51毫克	105毫克
銅	1..66毫克	0.543毫克	0.775毫克	0.516毫克	0.747毫克	0.478毫克	0.854毫克	0.845毫克
鐵	15.7毫克	5.46毫克	5.2毫克	4.61毫克	6.24毫克	4.04毫克	9.01毫克	6.25毫克
鎂	280毫克	181毫克	135毫克	158毫克	140毫克	187毫克	107毫克	115毫克
錳	2.52毫克	1.15毫克	1.49毫克	0.983毫克	1.74毫克	2.06毫克	1.43毫克	2.21毫克
磷	704毫克	364毫克	436毫克	325毫克	460毫克	184毫克	454毫克	366毫克
鉀	1796毫克	924毫克	1384毫克	879毫克	1032毫克	1505毫克	905毫克	875毫克
硒	5.7微毫克	20.7微毫克	0微毫克	0微毫克	21.2微毫克	67.6微毫克	10.9微毫克	9微毫克
鈉	2毫克	2.6毫克	20.8毫克	6.6毫克	21.2毫克	14.4毫克	10毫克	24毫克
鋅	4.89毫克	2.92毫克	4.61毫克	2.78毫克	5.28毫克	3.71毫克	3.61毫克	3.43毫克
水	8.54公克	171公克	172公克	240公克	335公克	272公克	11.2公克	11.5公克

腎豆	白鳳豆	芝麻	南瓜子	葵瓜子	核桃	胡桃	腰果	松子	杏仁
337仟卡	336仟卡	573仟卡	541仟卡	569仟卡	642仟卡	667仟卡	574仟卡	515仟卡	589仟卡
22.6公克	21.1公克	17.7公克	24.6公克	22.8公克	14.3公克	7.75公克	15.3公克	24公克	20公克
60.9公克	61.9公克	23.5公克	17.8公克	18.8公克	18.3公克	18.2公克	32.7公克	14.2公克	20.4公克
1.06公克	1.18公克	49.7公克	45.9公克	49.4公克	61.7公克	67.7公克	46.4公克	50.8公克	52.2公克
0.154公克	0.304公克	6.94公克	8.7公克	5.19公克	5.57公克	5.42公克	9.12公克	7.8公克	4.95公克
0.082公克	0.102公克	18.8公克	14.3公克	9.47公克	14.2公克	42.1公克	27.3公克	19.1公克	33.9公克
0.587公克	0.507公克	21.8公克	20.9公克	32.8公克	39.2公克	16.8公克	7.81公克	21.4公克	11公克
0.358公克	0.231公克	0.376公克	0.181公克	0.069公克	6.81公克	0.677公克	0.161公克	0.653公克	0.374公克
0.228公克	0.276公克	21.4公克	20..7公克	32.5公克	31.8公克	16公克	7.66公克	20.7公克	10.5公克
0毫克	0毫克	0毫克	0毫克	0毫克	0毫克	0毫克	0毫克	0毫克	0毫克
21.7公克	18.9公克	10.1公克	13.8公克	6.81公克	4.8公克	6.5公克	6.9公克	4.59公克	11.2公克
1IU	0IU	1IU	38IU	5IU	12.4IU	13IU	0IU	3IU	0IU
0.609毫克	0.744毫克	0.792毫克	0.21毫克	2.29毫克	0.381毫克	0.848毫克	0.2毫克	0.811毫克	0.211毫克
0.215毫克	0.207毫克	0.247毫克	0.32毫克	0.25毫克	0.148毫克	0.128毫克	0.2毫克	0.19毫克	0.782毫克
2.11毫克	1.34毫克	4.52毫克	1.75毫克	4.5毫克	1.04毫克	0.887毫克	1.4毫克	3.56毫克	3.36毫克
0.397毫克	0.439毫克	0.792毫克	0.224毫克	0.769毫克	0.557毫克	0.188毫克	0.256毫克	0.109毫克	0.113毫克
0微毫克	0微毫克	0微毫克	0微毫克	0微毫克	0微毫克	0微毫克	0微毫克	0微毫克	0微毫克
394微毫克	386微毫克	96.5微毫克	57.5微毫克	226微毫克	66微毫克	39.2微毫克	69..2微毫克	57.5微毫克	58.7微毫克
0.783毫克	0.73毫克	0.05毫克	0.339毫克	6.75毫克	631毫克	1.7毫克	1.22毫克	0.208毫克	0.471毫克
4.5毫克	0毫克	0毫克	1.9毫克	1.4毫克	3.2毫克	2毫克	0毫克	1.9毫克	6毫克
0微毫克	0微毫克	0微毫克	0微毫克	0微毫克	0微毫克	0微毫克	0微毫克	0微毫克	0微毫克
0.2毫克	0.702毫克	2.27毫克	1毫克	50.3毫克	2.62毫克	3.1毫克	0.57毫克	3.5毫克	5.55毫克
82.6毫克	173毫克	975毫克	43毫克	116毫克	93.8毫克	36毫克	45毫克	26毫克	266毫克
0.701毫克	0.637毫克	4.08毫克	1.38毫克	1.75毫克	1.39毫克	1.19毫克	2.22毫克	1.02毫克	0.944毫克
6.68毫克	7.72毫克	14.6毫克	15毫克	6.78毫克	2.44毫克	2.13毫克	6毫克	9.21毫克	3.66毫克
138毫克	183毫克	351毫克	535毫克	353毫克	169毫克	128毫克	260毫克	233毫克	296毫克
1.11毫克	1.28毫克	2.46毫克	3.02毫克	2.02毫克	2.91毫克	4.51毫克	0.825毫克	4.3毫克	2.27毫克
406毫克	445毫克	629毫克	1172毫克	703毫克	317毫克	291毫克	490毫克	508毫克	520毫克
1358毫克	1541毫克	468毫克	807毫克	689毫克	501毫克	392毫克	565毫克	600毫克	732毫克
7.28微毫克	5.26微毫克	5.35微毫克	7.39微毫克	71.7微毫克	5.01微毫克	11.7微毫克	23.4微毫克	0微毫克	4.7微毫克
12毫克	12毫克	11毫克	18毫克	3毫克	10毫克	1毫克	16毫克	4.02毫克	11毫克
2.79毫克	2.81毫克	7.78毫克	7.46毫克	5.06毫克	2.73毫克	5.47毫克	5.6毫克	4.27毫克	2.92毫克
11.8公克	11.7公克	4.69公克	6.92公克	5.36公克	3.65公克	4.82公克	1.7公克	6.69公克	4.42公克

品味誌

99

有機雜糧
健康食譜

范秀琴◉著

范秀琴

學歷

國立護理專科學校護理科畢業

國立彰化師範大學輔導系畢業

曾任

台大醫院護理師

私立康寧護校護理科教師

新坡國中輔導主任

范婦產科醫院護理主任

現任

藕根香健康總匯負責人

新竹科學園區藕根香分店負責人

電視節目「自然健康生活講座」主持人

受聘於國內各大機構，主持健康講座、

國內各大報紙健康生活專欄寫作。

著作

《生機飲食》

《有機五穀健康食譜》

《有機雜糧健康食譜》

《自然健康生活講座錄影帶51卷》

《生機生活、自然療法錄音帶》製作中

序

影響人類健康的因素很多，包括陽光、空氣、水、運動等等，但不可否認，營養對人類健康的影響是更爲直接而鉅大的。人體有60兆細胞，平均3～4個月會全部汰換過（除了腦神經細胞不會再汰換以外）。人體細胞新陳代謝中，最直接影響的營養物質就是食物，從前的營養教育是將人類的營養素畫成一個大圓圈，中間分爲五大類，包括蛋白質、礦物質、脂肪、維生素和碳水化合物，但美國於1992年4月28日公布一個金字塔形的食物結構圖，作爲大衆健康飲食的指標。本書重點即是介紹堅果、雜糧類食物，希望讀者們能實際應用於日常生活之中（請參考封底圖案）。

金字塔形的食物結構，最下端的是五穀雜糧。五穀雜糧包括麵包、米飯、麵條等等，佔人類全部食物的40%～60%之間，因此本書所談的五穀雜糧即以此部分爲主體，教導全民如何運用五穀雜糧，來奠定健康的基石。從古至今，人類運用植物作爲食物、飲料、調味料的種類多得驚人，光曾記載的種類就約有一萬多種，但目前僅有3000種廣泛被人們所接受，在這其中又只有150種經人工孕育成爲農業栽培的對象，經過幾世紀的挑選，企圖找出利用價值最高、最强壯的種類，農作物也漸漸隨之演化，到現在少部分品種已成爲人類的最愛。

全世界的食物需求量90%來自約20種植物，而我們所攝取的卡路里，一半來自三種穀物──小麥、稻米、玉米（指全世界），而中國人則幾乎都以稻米當中的白米當作主食，但其實這是一個很可惜的作法，祖先們爲了選擇食物，必須勇於嘗試，悉心栽培，把很多有用的植物，引入生活土地的附近種植，很多植物都長得很好，而被人經常食用，但往往在習慣了某種植物以後，就不再嘗試找尋新的食物，像主食只來自植物中少數的幾種。

在420種實用的植物中，130種最重要的主食只佔了32科，包括禾本科的稻米、小麥、玉米、小米、大麥、甘蔗，茄科的馬鈴薯，玄花科的甘薯、豆科的豆類、大豆、落花生、棕櫚科的椰子，芭蕉科的香蕉及藜科中的甜菜。稻米是熱帶的農作物，而小麥也是全世界重要的農作物，佔全世界35%人口的主食，年產量3億5千萬公噸，提供全球卡路里消耗量的20%左右，糙米以東方人較常用來當主食，事實上比起小麥，糙米並不差，但中國人往往喜歡將糙米研磨成白米，有顏色、營養豐富的稻米外殼，被當作麩去掉，於是當中蛋白質的含量會在研製過程中由10%降至7%，再加上洗滌烹調的手續，營養再度大量流失，若是糙米的話，在烹調、洗滌時營養較不會流失，假如過分依賴白米這種精緻米，很可能會引起腳氣病等營養不良的疾病。現代的食物，尤其是所謂的垃圾食物，是導致生病、死亡的主因，像各種慢性疾病，爲了我們的健康，應減少鹽、糖、動物性食物和油脂的攝取量，因爲這些食物是摩登的殺手。目前西方世界在精製食物的過程中，往往容易將不易消化的纖維去掉，所以人們所吃的麵包都是鬆軟潔白的，而非健康的黑麵包。一個完整健康的食物，應含有非常高的纖維素，它能幫助消化，讓有毒的物質快速排出體外，但可惜現代人大多習慣吃精緻食物，缺乏攝取粗糙的纖維質食物，使得吃進去的食物要經過二星期才能完全通過消化道，這是造成各種慢性疾病的根源。本書最主要地便是傳遞一個訊息──「植物可提供我們所有必要的營養素，包括醣類、蛋白質、脂肪、油類、維生素、礦物質」，這些東西在五穀雜糧中非常豐富，因此吃雜食，尤其主食以五穀雜糧、雜食方式的飲食習慣，對健康有很大的助益。現代人往往有少吃飯、多吃菜的觀念，因爲飯只是吃飽、菜才含有營養的觀念在以白米飯爲主食的情況而言是正確的，然而以五穀雜糧爲主食時卻不是如此，由食物結構金字塔中可以看到，五穀雜糧的分量必須佔食物的40%～60%之間，以營養的分數而言，則必須佔6～11份，因此它的比例其實很高，是身體健康的基礎，因此以五穀雜糧爲主食，對健康的身體扎根絶對穩固。現在少部分朋友改以糙米代替白米是不錯的，但若能以本書介紹的五穀雜糧配合運用，您的主食將會更完整。

本書所要介紹五穀雜糧的內容非常豐富，後面有所有五穀雜糧的營養成分分析表，這是作者很辛苦儘可能收集的資料，除了一般的蛋白質、脂肪、碳水化合物之外，還詳盡的分析脂肪中包括了單元、多元、不飽和脂肪酸，多元不飽和脂肪酸，甚至還分了Ω3、Ω6號，即亞麻油酸和次亞麻油酸所佔的含量，這對人類健康影響是非常大的。另外各種礦物質、維生素、微量元素都說明得非常清楚。本書介紹的每一道菜，皆有營養成分分析表，必要時還包括各種胺基酸的分配比例表。本書特別重視胺基酸比例分配的原因是：植物蛋白在營養學界被稱爲是一種不完全的蛋白質，之所以稱爲不完全蛋白質，乃因有些必需胺基酸在植物蛋白中是不够完整的，無法成爲一種完全蛋白，所以本書在營養調理上，十分注重將不完全的植物蛋白，調理成完整的植物蛋白。請各位讀者詳細閱讀營養成分表。

本書不但適合喜好健康的家庭主婦做爲主食攝取的依據，也適合學校營養學系、醫學系、護理學系等有關健康方面科系的教科書參考之用，因爲目前所有營養書籍中，很少有如此完整的、科學的營養成分分析提供給讀者。除了五穀雜糧外，本書還使用了十分健康的調味料、材料等，絶非時下一般超市所提供的含有很多防腐劑、色素、化學添加物等這類殘害人體健康的調味品，使用的幾乎都是有機的、高能量的、純天然的調味品，因此在材料、調味品的選擇上十分嚴謹，後面也有常用品的介紹，這些用品的介紹也許讀者會比較少見，但最好能習於運用，因爲食物是人體健康的基石，用好的、高能量的、没有毒害的食物，對人體益處是非常高的。若用時下充滿各種農藥、化學肥料、各種食品添加劑、防腐劑等各種食物及調味料，吃後除了有少數營養外，更多的是垃圾，甚至會積存於體內成爲毒素，造成各種慢性病的潛在病源，因此在看本書時，除了要學會配合運用五穀雜糧，連使用的調味品、材料等都應運用無毒的高能量食物。以下將逐一介紹許多本書常用的用品。

目錄

黃豆

　　黃豆是豆科植物，學名大豆，別名黃豆。黃豆起源於我國，已有很久的栽種歷史，十七世紀開始向國外傳播，現已遍及世界。

　　黃豆可以煮食、炒、油炸，加水磨細後可做成豆漿及各種豆製品，乾磨成粉後成爲黃豆粉，亦可以加入穀類粉中做成饅頭、蒸餅等，亦可泡水發芽成爲鮮美可口的黃豆芽當作蔬菜食用。這是中國人常用的食物，亦是植物蛋白的重要來源，不同的加工及烹調方式，對蛋白質的消化吸收有絕對的影響，整粒黃豆煮食，其消化吸收率爲65.3％，但加工成豆漿後，其消化吸收率提高爲84.9，豆腐更提高消化吸收率爲92～96％，因此食用豆製品要比直接食用整顆黃豆要來得健康，以上的數據是營養學家將過去一般常用吃法做比較的結果，但營養學家並沒有把黃豆生機飲食的食法加入其研究調查中（包括把黃豆用萬能調理機打成豆奶），這是非常可惜的。

　　中醫說：「黃豆性平、味甘，入脾大腸筋。」對於益氣養血健脾寬中、健身凝心、下利大腸、潤燥消水，看這些功效，可治療貧血、肝炎等。

　　黃豆可以說是豆類製品中營養價值最高的一種，我們可以稱之爲豆中主王，有人稱之爲〝植物的肉〞，每100公克中，其蛋白質成分爲36公克，而一斤黃豆的蛋白質含量相當於3斤鷄蛋，我們會發現黃豆的營養成分是很高的，這就是爲什麼黃豆會被稱爲「綠色的乳牛」。黃豆中胺基酸的組成成分比較接近人體的需要，它是屬於完全蛋白，在食用穀類的同時加入黃豆，可達到蛋白質的互補作用，請讀者注意在我的《有機五穀健康食譜》中曾提及五穀雜糧中加入黃豆會使主食中胺基酸的成分變得非常完整。黃豆中還含有「益胰酶」，對糖尿病有一定的治療效果。實驗證明經常吃黃豆和黃豆製品的人，得到糖尿病的比例比較少，黃豆中的不飽和脂肪酸，能減少動脈壁上膽固醇的囤積，被營養學家認爲是防治心血管病、動脈周遭硬化、高血壓等的重要理想保健食品。另外它的不飽和脂肪酸，尤其是必需脂肪酸滿高的，這和皮膚的新陳代謝有很大的關係，所以皮膚乾燥、粗糙、頭髮乾枯容易折斷等，如果吃足夠的黃豆補充，會有顯著的改善，尤其當中含有Ω3、Ω6號的必需脂肪酸，這些我們又稱之爲美容酸，因爲它對皮膚有非常大的功效，且黃豆中的卵磷脂可除掉附著在血管壁中的膽固醇，維持血管的軟化，並防止肝臟累積過多的脂肪，這些卵磷脂是大腦細胞的組成成分，對改善大腦的機能有很重要的作用。

黃豆的營養成分中含鐵量高，人體對黃豆中鐵的消化吸收率也很高，對貧血病的人很有幫助，以上皆爲黃豆的優點。截至目前爲止，黃豆被營養學家發現有五種已知的抗癌物質，它能防止與激素即荷爾蒙有關的癌症發生，例如乳癌、前列腺癌。黃豆也是能抑制蛋白酶類的最佳武器，在動物實驗中，可完全抑止大腸、口腔、肺、肝、胰臟、食道等各種癌症之發展。

近來研究發現黃豆含有植物生化素（phyto-chemical）：異黃酮素（ISOFLAVNES），這些異黃酮素像GENISTEIM, DAIDZEIM都很受重視。像黃酮素含有抗氧化性、抗癌、抗突變性、抗高血壓、抗發炎、細胞分裂等等增殖作用，美國國立癌症研究所曾多次報導關於異黃酮素有抗癌作用，減低血中膽固醇、減少心臟病、骨質疏鬆危險及中年婦女更年期的症候群，改善腎臟的很多疾病。後面列出近二十道豆腐料理，希望讀者能學習如何在最健康的前提下烹調出美味又健康的豆腐，注意運用方式及口感上儘量以不破壞少變動爲前提。

談了許多黃豆的優點，以下則提出讀者必須注意的缺點。許多人吃了黃豆後會產生脹氣、放屁等現象，因爲黃豆中的碳水化合物較難被人體消化吸收，尤其黃豆中含有60多種化學物質，有些會在大腸內成爲細菌的營養來源，所以消化功能不良，腸胃消化慢、便秘的人，在使用黃豆時應特別注意，可先將黃豆泡水，泡的水倒掉，因黃豆表皮有很多毒素，此毒素是黃豆保護自己不被小蟲叮咬，在泡水後會消失，發芽後這些缺點便不存在了。另外，很多文獻中指出黃豆不能生吃，因黃豆中有兩種對身體有害的物質，一個是抗胰蛋白酶的因子，它會抑制腸胃內胰蛋白酶對食物的消化與吸收，使黃豆中的蛋白質難以分解成人體能吸收的胺基酸，而降低黃豆中蛋白質的利用率，另有一種叫血球凝素，它會使血球異常凝固，造成血管阻塞，一旦黃豆加熱煮熟之後，這兩種因子便會被破壞掉，所以很多學者認爲應煮熟後才可食用。但如果依照我們所强調的，將穀類經過泡水發芽的動作後，黃豆中蛋白質、胺基酸的成分都有所改變，就不會產生不好的狀況。尤其黃豆中所含大量嘌呤鹼，會加重肝臟、腎臟中代謝的負擔，因此肝、腎有問題時，應少用甚至不用黃豆。嘌呤鹼代謝失常時會追成痛風和尿血酸濃度過高，所以有這些病症的人，都被醫生警告禁用黃豆或黃豆製品，請讀者在用黃豆製品時先泡水5～6小時，當中不停的將黃掉的水換掉，再經發芽，這樣會使黃豆中不好的物質去除降到最低，因此一般人以爲的黃豆缺點，都只是沒有依照生機飲食中所教的健康作法去做，才會造成黃豆的這些缺失，請讀者在食用健康天然的食品之餘要了解植物的特性，順著植物的特性避開其缺點，會得到最大好處。

蛋白質品質分數

胺基酸	實際比例/標準比例	分數
組胺酸	22.3/19	117%
異白胺酸	36.6/28	131%
白胺酸	65.2/66	99%
離胺酸	29.6/58	51%
甲硫胺酸＋胱胺酸	36.4/25	146%
苯丙胺酸＋酪胺酸	74.1/63	118%
酥胺酸	29/34	85%
色胺酸	43.2/11	123%
纈胺酸	43.2/35	123%

營養成分分析表

熱量	327仟卡	維他命A	5IU	鈣	29毫克
蛋白質	12.6公克	維他命B_1	0.383毫克	銅	0.434毫克
碳水化合物	71.4公克	維他命B_2	0.115毫克	鐵	3.19毫克
脂肪（總）	1.54公克	菸鹼酸	5.47毫克	鎂	126毫克
飽和脂肪酸	0.269公克	維他命B_6	0.3毫克	錳	3.99毫克
單元不飽和脂肪酸	0.2公克	維他命B_{12}	0微毫克	磷	288毫克
多元不飽和脂肪酸	0.625公克	葉酸	38微毫克	鉀	363毫克
次亞麻油酸	0.027公克	泛酸	0.953毫克	硒	56.2微毫克
亞麻油酸	0.599公克	維他命C	0毫克	鈉	2毫克
膽固醇	0毫克	維他命D	0微毫克	鋅	2.65毫克
纖維	12.6公克	維他命E	1.2毫克	水	13.1公克

有機豆腐

豆腐在2000年前由前漢的淮南王劉安發明後，就與中華飲食文化緊密結合，中國人的食物中幾乎缺少不了豆腐。尤其黃豆更是最佳的植物蛋白來源，PDCAAS（Protein Digestibility-Corrected Amino Acid Scoring）測定黃豆的蛋白質是100%，屬於優良蛋白質。它除了營養豐富以外，近年來更是發現黃豆中的植物生化素中含有高量的異黃酮素（ISOFLAVONE），如GENISTEIN及DAIDZEIN，它可以減輕或預防下列疾病：

◆癌症

◆心藏疾病

◆骨質疏鬆症

◆更年期症候群

◆腎臟疾病

一個人一天中如果攝取25毫克的異黃酮素，就可以達到需要的保護量。若以目前的市面上豆腐（一盒300公克）來說，每天約吃三分之一的量、再喝一杯豆漿，就約有20毫克的異黃酮素。

但是目前的傳統豆腐問題很多，例如大量的防腐劑、漂白劑、消泡劑、石膏。提到石膏，就是硫酸鈣，有些人說硫酸鈣能增加人體內的鈣質，事實上它造成結石的機率更高。而且石膏極寒，更不適宜寒性體質人食用。

藕根香有機豆腐有以下優點：

◆採用葡萄糖酸中的氫離子與豆腐中的蛋白質結合而凝固形成豆腐。

◆採用UHT殺菌，它能在10秒鐘內將80℃的豆漿瞬間提升到120℃維持2～3秒（可殺死99.99%的細菌），再迅速降溫到10℃，如此可對營養素的破壞達到最少程度。

◆在生產過程中，唯一的缺點是無法做到全廠有機。爲了解決此問題，在正式生產前，以有機黃豆一噸，將整條生產線完全洗淨，以免非有機物品污染藕根香有機豆腐。

◆有機豆腐原料及成品在廠中與非有機原料及成品嚴格區分倉庫，避免無意間的污染。

藕根香有機豆腐在如此嚴格的管制下生產，終於得到農委會輔導的中華民國有機農業產銷經營協會驗證通過，得到中華民國第一張COAS有機驗證。代表中華民國有機食品步上新的里程碑，能與國際有機食品並駕齊驅，這是中國人的驕傲、更是有機人的福氣。目前藕根香有機豆腐在全省有機商店都能買到。

藕根香有機豆腐每盒（300公克）所含營養成分表

營養素	重量	營養素	重量
卡路里	228	維他命B_{12}	0mcg
蛋白質	24.2g	葉酸	45mcg
碳水化合物	5.64g	泛酸	0.203mg
總脂肪	14.3g	維他命C	0.3mg
飽和脂肪酸	2.07g	維他命D	0mcg
單元不飽和脂肪酸	3.17g	維他命E	0.029mg
多元不飽和脂肪酸	8.1g	鈣	315mg
亞麻油酸	7.14g	銅	0.578mg
次亞麻油酸	0.958g	鐵	16.1mg
膽固醇	0mg	鎂	305mg
纖維	3.6g	錳	1.81mg
維他命A	27.1RE	磷	290mg
維他命B_1	0.242mg	鉀	363mg
維他命B_2	0.155md	硒	4.33mcg
菸鹼酸B_3	0.585mg	鈉	21mg
維他命B_6	0.14mg	鋅	2.4mg
水	254g		

藕根香有機豆腐蛋白質品質價值表

氨基酸	實際比例	理想比例	分數
組胺酸	29.1	19	153%
異白胺酸	49.6	28	177%
白胺酸	76.2	66	115%
離胺酸	66.1	58	114%
甲硫胺酸	26.7	25	107%
苯丙胺酸	82.3	63	131%
酥胺酸	40.9	34	120%
色胺酸	15.6	11	142%
纈胺酸	50.7	35	145%

根據FAO/WHO/UNU建議PDCAAS蛋白質品質爲100%

藕根香有機豆腐各種營養成分比例表

營養比例	比例
多元不飽和脂肪酸：飽和脂肪酸	3.9:1
鉀：鈉	17.3:1
鈣：磷	1.08:1

（一）花團錦簇：

1.藕根香有機豆腐切塊，擺盤。

2.旁邊排上苜蓿芽、葵瓜芽、無花果、葡萄乾、小紅莓、青堤子、南瓜子、葵瓜子，再以芝麻研磨機磨出芝麻粉撒於上面。

3.淋的醬汁可自調：如芭樂沙拉醬、番茄沙拉醬等，亦可用有機沙拉醬調理。

（二）有機豆腐壽司：

1.藕根香有機豆腐切塊

2.甘草豆豉1T+有機花生醬1t+有機芝麻醬1t，三者混合成泥狀，塗於大小適合的石紫菜上，包住有機豆腐。

3.上面灑水解卵磷脂，撒啤酒酵母粉。

4.旁邊加地瓜泥揉成球狀，做盤飾。

（三）遍地金黃：

1.藕根香有機豆腐抓成泥狀。

2.有機紫玉米、黃玉米燙熟，剝下玉米粒。有機青椒、芹菜紅蘿蔔切小丁狀，和有機薏仁雪花片撒入有機豆腐泥混合。

3.調味品：用蔬菜調味粉G9，有機香草味橄欖油、胡椒粉、鹽，拌入菜中。

（四）黃豆雪花片：

1.藕根香有機豆腐切成丁，放於盤中。

2.有機黃豆雪花片內加甘草豆豉、枸杞（先泡水），黑胡椒、100%蔬菜調味粉G4拌勻，撒於豆腐上。

（五）生機豆腐小點：

1.藕根香有機豆腐整塊

2.有機冬瓜泥、洋蔥泥、薑碎，混合加入天然蔬菜調味料G4。

3.有機豆腐上淋甘草豆豉磨成泥，加有機醬油。

（六）小家碧玉（葷食）：

1.藕根香有機豆腐切丁。

2.柴魚片、蔥花、有機香料（沙拉用）、有機蒜味沙拉醬，有機亞麻油（易破壞，請勿隔餐使用）淋於有機豆腐丁上，稍拌一下即可。

（七）小烤有機豆腐：

1.藕根香有機豆腐切塊。

2.有機青椒、紅蘿蔔切塊，拌入胡椒、天然蔬菜調味料G1、奧立崗葉。

3.無防腐劑起司條撒於上面，入烤箱預熱5分鐘、烤5分鐘，見起司融化即可。

（八）紫蘇有機豆腐：

1.藕根香有機豆腐一整塊。
2.一片有機新鮮紫蘇葉舖於豆腐上，上撒紅海苔，舖上一個發芽5天的白鳳豆。
3.有機葡萄醋20c.c.+有機蜂蜜10c.c.混合汁淋於四週，乾茉莉花漂於醋蜜汁上。

（九）熱情洋溢：

1.藕根香有機豆腐切塊。
2.毛豆燙熟，加入有機豆腐中。
3.有機蒜香番茄麥醬+黑胡椒+葛根粉芶欠，淋於有機豆腐上。
4.蔥花撒於最上面，上再淋有機紅椒蒜橄欖油。

（十）有機豆腐湯：

1.藕根香有機豆腐切丁。
2.有機紅蘿蔔、芥葉、有機蒟蒻、金針菇、香菇加水煮。
3.調味料以天然蔬菜調味料G4+葛根粉芶欠，上現磨些胡椒粉。

（十一）紫色瑪瑙：

1.藕根香有機豆腐抓成泥。
2.有機紫玉米燙熟，一半打成泥，另一半留下，一起加入有機豆腐中。
3.調味料：100%蔬菜調味粉G9。
4.撒上用芝麻研磨機現磨之芝麻及綠茶粉，淋上有機檸檬味橄欖油。

（十二）花好月圓：

1.藕根香有機豆腐磨成泥，加上有機地瓜泥、胡椒粉、蓮藕粉。
2.將有機大黃瓜切塊，中間去籽，塞入「1」料
3.有機香菇泡水，蓋於大黃瓜上，入鍋蒸5分鐘。
4.調味以天然蔬菜調味料G9芶欠，淋於大黃瓜上，外面一圈擺發芽6～7天之白鳳豆。

（十三）杏仁有機豆腐：

1.藕根香有機豆腐切大塊。
2.將美國杏仁打成碎粉粒狀，加上有機糙米雪花片、未漂白冰糖粉，使豆腐皆沾上粉。
3.上灑桂花醬、有機法式芥茉籽醬。
4.有機芹菜葉擺於旁邊盤飾。

雪花豆腐

材料

有機芹菜

甘草豆豉

有機褐芝麻

有機黃豆雪花片

有機亞麻油

枸杞

無防腐劑傳統豆腐

有機杏仁果

蛋白質品質分數

胺基酸	實際比例/標準比例	分數
組胺酸	19.8/19	104%
異白胺酸	34.5/28	123%
白胺酸	53.2/66	81%
離胺酸	42.7/58	74%
甲硫胺酸＋胱胺酸	16.5/25	66%
苯丙胺酸＋酪胺酸	51.3/63	81%
酥胺酸	31.5/34	93%
色胺酸	13.7/11	125%
纈胺酸	42.1/35	120%

營養成分分析表

熱量	8980仟卡	維他命A	6282IU	鈣	20204毫克
蛋白質	452公克	維他命B_1	24.1毫克	銅	19.8毫克
碳水化合物	1820公克	維他命B_2	23.3毫克	鐵	237毫克
脂肪（總）	151公克	菸鹼酸	160毫克	鎂	6240毫克
飽和脂肪酸	28.4公克	維他命B_6	42.4毫克	錳	55.9毫克
單元不飽和脂肪酸	44.8公克	維他命B_{12}	0微毫克	磷	13624毫克
多元不飽和脂肪酸	68.8公克	葉酸	14063微毫克	鉀	140883毫克
次亞麻油酸	3.17公克	泛酸	91.2毫克	硒	1076微毫克
亞麻油酸	65.5公克	維他命C	3370毫克	鈉	41819毫克
膽固醇	0毫克	維他命D	0微毫克	鋅	74.2毫克
纖維	801公克	維他命E	182毫克	水	45813公克

步驟

1.無防腐劑傳統豆腐 400g —— ❶壓成泥
2.有機杏仁果 25g —— ❷以萬能調理機乾杯4速打20秒，成粉狀
3.甘草豆豉 30g —壓泥
有機褐芝麻 10g
有機芹菜 25g —切末
（❶、❷與3.）→ ❸拌勻
4.有機黃豆雪花片 120g
有機芹菜 25g →切末
枸杞 10g
有機亞麻油 150c.c.
（4.）→ ❹拌勻，最後再淋上亞麻油
❺將❹撒在❸上 即爲成品

此道菜對咀嚼不方便者是很好的食物。豆腐若用盒裝有機豆腐替代亦可，但盒裝豆腐水份較多，壓成泥後應先濾去水份，否則成品會太濕。

涼拌菜蔬黃豆芽

有機黃豆

胡椒粉

天然蔬菜調味料G1

無防腐劑傳統豆腐

有機亞麻油

有機紫色高麗菜

有機胡蘿蔔

有機毛豆

蛋白質品質分數

胺基酸	實際比例/標準比例	分數
組胺酸	25.1/19	132%
異白胺酸	44.1/28	157%
白胺酸	67.9/66	103%
離胺酸	58.8/58	101%
甲硫胺酸＋胱胺酸	22.9/25	92%
苯丙胺酸＋酪胺酸	74.9/63	119%
酥胺酸	38.3/34	113%
色胺酸	12/11	109%
纈胺酸	46.6/35	133%

營養成分分析表

熱量	291仟卡	維他命A	1477IU	鈣	247毫克
蛋白質	24.3公克	維他命B1	0.658毫克	銅	0.797毫克
碳水化合物	34.8公克	維他命B2	0.315毫克	鐵	9.33毫克
脂肪（總）	10.3公克	菸鹼酸	3.65毫克	鎂	207毫克
飽和脂肪酸	1.48公克	維他命B6	0.606毫克	錳	1.85毫克
單元不飽和脂肪酸	2.2公克	維他命B12	0微毫克	磷	378毫克
多元不飽和脂肪酸	5.7公克	葉酸	222微毫克	鉀	1046毫克
次亞麻油酸	0.735公克	泛酸	1.23毫克	硒	14.9微毫克
亞麻油酸	4.94公克	維他命C	108毫克	鈉	50毫克
膽固醇	0毫克	維他命D	0微毫克	鋅	3.09毫克
纖維	11.7公克	維他命E	2.47毫克	水	340公克

材料	份量	作法
1.有機黃豆芽	70g	❶發芽7天
2.有機毛豆	90g	❷燙熱
有機紅蘿蔔	50g	❸切絲
有機紫色高麗菜	100g	❸切絲
無防腐劑傳統豆腐一塊	100g	
3.天然蔬菜調味料G1	30g	❹加入200c.c.熱水調成濃稠狀，再加入胡椒粉
胡椒粉	3g	❹
4.有機亞麻油	20c.c.	

❺所有材料擺上盤，再淋上濃汁及亞麻油

無防腐劑傳統豆腐可用有機豆腐替代。因讀者們要買到無防腐劑的傳統豆腐非常不容易，不如用有認證的有機豆腐，品質更佳。淋上亞麻油的食物，必須當餐吃完，否則容易氧化，請讀者注意。

❶

❷

❸

❹

❺

金針豆芽

米醬

有機亞麻油

天然蔬菜調味料G7

黃豆

薑

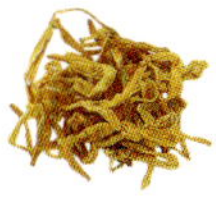
未硫化金針

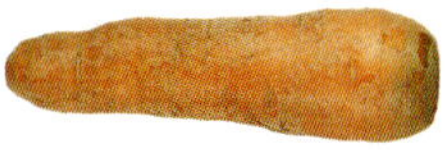
有機紅蘿蔔

有機芹菜

蛋白質品質分數

胺基酸	實際比例/標準比例	分數
組胺酸	22.4/19	118%
異白胺酸	38.1/28	136%
白胺酸	59.9/66	91%
離胺酸	48.3/58	83%
甲硫胺酸＋胱胺酸	18.7/25	75%
苯丙胺酸＋酪胺酸	69.5/63	110%
酥胺酸	33/34	97%
色胺酸	10.8/11	98%
纈胺酸	42.2/35	120%

營養成分分析表

熱量	289仟卡	維他命A	2554IU	鈣	183毫克
蛋白質	18.3公克	維他命B_1	0.54毫克	銅	0.766毫克
碳水化合物	45.6公克	維他命B_2	0.299毫克	鐵	4.02毫克
脂肪（總）	8.51公克	菸鹼酸	3.21毫克	鎂	145毫克
飽和脂肪酸	1.3公克	維他命B_6	0.616毫克	錳	1.3毫克
單元不飽和脂肪酸	1.88公克	維他命B_{12}	0微毫克	磷	288毫克
多元不飽和脂肪酸	4.54公克	葉酸	246微毫克	鉀	1617毫克
次亞麻油酸	0.481公克	泛酸	1.62毫克	硒	6.14微毫克
亞麻油酸	3.62公克	維他命C	39.6毫克	鈉	689毫克
膽固醇	0毫克	維他命D	0微毫克	鋅	2.3毫克
纖維	10.3公克	維他命E	1.33毫克	水	392公克

1.有機黃豆芽 100g —— ❶發芽6天
2.有機芹菜 170g
有機紅蘿蔔 90g —— ❷切絲
薑 80g
3.未硫化金針 100g —— ❸泡水3小時
米醬 30g
天然蔬菜調味料G7 5g
有機亞麻油 25c.c.

❹金針加薑絲、米醬、調味料，加水250c.c.炒，置涼

❺以亞麻油拌入所有材料，即爲成品

有些讀者不能適應生的黃豆芽味道，或堅信其不可生食者，可洗清燙過，再如上述方法處理。

1

2

3

4

5

素肉臊

蛋白質品質分數

胺基酸	實際比例/標準比例	分數
組胺酸	27.1/19	142%
異白胺酸	47.9/28	171%
白胺酸	78.7/66	119%
離胺酸	64.7/58	112%
甲硫胺酸＋胱胺酸	28.7/25	115%
苯丙胺酸＋酪胺酸	86.3/63	137%
酥胺酸	41.8/34	123%
色胺酸	14.5/11	131%
纈胺酸	49.4/35	141%

營養成分分析表

熱量	1188仟卡	維他命A	45.8IU	鈣	816毫克
蛋白質	95.6公克	維他命B_1	1.85毫克	銅	3.52毫克
碳水化合物	103公克	維他命B_2	1.79毫克	鐵	45.7毫克
脂肪（總）	53公克	菸鹼酸	10.5毫克	鎂	687毫克
飽和脂肪酸	7.74公克	維他命B_6	1.25毫克	錳	7.04毫克
單元不飽和脂肪酸	13.3公克	維他命B_{12}	0微毫克	磷	1686毫克
多元不飽和脂肪酸	28.5公克	葉酸	739微毫克	鉀	3843毫克
次亞麻油酸	2.98公克	泛酸	2.4毫克	硒	23.7微毫克
亞麻油酸	25.4公克	維他命C	20.3毫克	鈉	11835毫克
膽固醇	0毫克	維他命D	0微毫克	鋅	11.4毫克
纖維	29.1公克	維他命E	7.08毫克	水	448公克

1.有機黃豆素肉 180g
甘草豆豉 60g
無漂白冰糖 10g
胡椒粉 5g
（切碎）

2.蔭瓜（能不用最好） 80g
有機香菇 100g
無漂白豆干 150g
紅蔥頭 80g
（❶ 全部切碎小丁）

3.有機醬油
有機醬油膏
170c.c.

❷全部入鍋（含油膏等）加1500c.c.水煮，水開再煮30分鐘

一般有機健康食品能買到擁有OCIA認證之有機黃豆加工品（一般稱爲素肉），用此方法做出的素肉燥能讓注重健康又想念古早味的讀者回憶兒時風味。煮好可放於冷凍庫，依食用量拿出來蒸熟後再加亞麻油，可拌於各種味道清淡的菜肴上。

❶

❷

黑醋栗黃豆雪花片

有機豌豆

有機黃豆雪花片

有機鮮奶

有機胡蘿蔔

有機生芝麻

有機黑醋栗汁濃縮汁

有機玉米

蛋白質品質分數

胺基酸	實際比例/標準比例	分數
組胺酸	26.4/19	139%
異白胺酸	48.8/28	174%
白胺酸	81.9/66	124%
離胺酸	66/58	114%
甲硫胺酸＋胱胺酸	29.9/25	120%
苯丙胺酸＋酪胺酸	88.8/63	141%
酥胺酸	42.7/34	126%
色胺酸	14.2/11	129%
纈胺酸	51.3/35	146%

營養成分分析表

熱量	1488仟卡	維他命A	216IU	鈣	1381毫克
蛋白質	111公克	維他命B_1	2.62毫克	銅	4.78毫克
碳水化合物	130公克	維他命B_2	3.03毫克	鐵	43.9毫克
脂肪（總）	69.6公克	菸鹼酸	6.32毫克	鎂	853毫克
飽和脂肪酸	16.6公克	維他命B_6	1.35毫克	錳	7.11毫克
單元不飽和脂肪酸	17.1公克	維他命B_{12}	1.47微毫克	磷	2344毫克
多元不飽和脂肪酸	31.4公克	葉酸	1011微毫克	鉀	5834毫克
次亞麻油酸	3.69公克	泛酸	4.16毫克	硒	21微毫克
亞麻油酸	27.7公克	維他命C	287毫克	鈉	219毫克
膽固醇	56.1毫克	維他命D	4.13微毫克	鋅	15.3毫克
纖維	53.7公克	維他命E	11.8毫克	水	582公克

1. 有機黃豆雪花片 250g
   有機黑醋栗汁濃縮汁 300g
   有機鮮奶 400g
   → ❶以萬能調理機以濕杯5速打1分鐘拌成泥
2. 有機玉米 35g
   有機紅蘿蔔 40g 切丁
   有機豌豆 60g 泡水一天
   → ❷燙熟

   有機生芝麻 10g

❸混合揉勻，搓成球狀即可

此方法做出之成品爲紫色，它是黑醋栗的顏色。而黑醋栗是歐洲較普遍的果汁，黑醋栗即野藍莓。它是高抗氧化劑，對子宮收縮有幫助，尤其經痛婦女，月經前三天就喝黑醋栗汁，月經來時便幾乎不痛了，療效奇佳。

1

2

3

黑豆

泡水三階段

屬蝶形花科、大豆屬，是一年生的草本植物，其品種有白仁、青仁、黑豆，是釀造醬油的主要原料，發酵後也能做成豆豉。

本書常用的甘草豆豉即是用黑豆做成的，它的營養成分很好，有補益氣血，健脾合胃、補腎效果，中醫說黑豆補腎，蛋白質豐富，對下腹突出，容易腰痠、感冒、腎有問題的人非常合適，有預防功效，對浮腫、腹部、身體各個部位肌肉鬆弛也有改善的功效。另外黑豆有保護腰的功能，產後護腰，也可以將黑豆泡一晚的水，第二天將黑豆瀝乾用中火炒，不可加鹽，亦不可炒到焦黑，是產後補腰最好的食品。下腹突出、怕冷、低血壓、常常腰酸的人都可吃炒黑豆，如果不喜歡炒黑豆，也可以蒸黑豆來吃。大部分豆類皆有消腫解毒的功能。豆類食品多吃無妨，但必須注意自已的身體狀況，如果有嘌呤過多的問題，豆類應適可而止，在《本草綱目》推薦中，「黑豆汁可解藥品之毒，治療腎臟疾病」。且「性畏、甘平、無毒活血、利尿、解毒」，它的養分與黃豆類似。中藥有個方子，黑豆加上何首烏、紅棗一起煮，能保護頭髮，使頭髮變黑。另有個治療脫髮的方子：黑豆加黑芝麻炒熟，用萬能調理機打成粉，每天吃2大匙，一個月後便能產生效果，不但不再落髮，頭髮也變得十分烏黑。

蛋白質品質分數

胺基酸	實際比例/標準比例	分數
組胺酸	28/19	147%
異白胺酸	44.3/28	158%
白胺酸	80.3/66	122%
離胺酸	69.1/58	119%
甲硫胺酸＋胱胺酸	25.9/25	104%
苯丙胺酸＋酪胺酸	82.5/63	131%
酥胺酸	42.2/34	124%
色胺酸	11.9/11	108%
纈胺酸	52.5/35	150%

營養成分分析表

熱量	343仟卡	維他命A	2.6IU	鈣	70.1毫克
蛋白質	23公克	維他命 B_1	0.635毫克	銅	0.543毫克
碳水化合物	61.7公克	維他命 B_2	0.153毫克	鐵	5.46毫克
脂肪（總）	1.4公克	菸鹼酸	1.31毫克	鎂	181毫克
飽和脂肪酸	0.361公克	維他命 B_6	0.18毫克	錳	1.15毫克
單元不飽和脂肪酸	0.122公克	維他命 B_{12}	0微毫克	磷	364毫克
多元不飽和脂肪酸	0.6公克	葉酸	385微毫克	鉀	924毫克
次亞麻油酸	0.274公克	泛酸	0.629毫克	硒	20.7微毫克
亞麻油酸	0.328公克	維他命C	0毫克	鈉	2.6毫克
膽固醇	0毫克	維他命D	0微毫克	鋅	2.92毫克
纖維	15.1公克	維他命E	0.209毫克	水	171公克

糖漬黑蜜豆

有機黑豆

海帶芽

有機生芝麻

未漂白冰糖

有機味噌

蛋白質品質分數

胺基酸	實際比例/標準比例	分數
組胺酸	28/19	147%
異白胺酸	45.3/28	162%
白胺酸	80.8/66	122%
離胺酸	67.3/58	116%
甲硫胺酸＋胱胺酸	26.6/25	107%
苯丙胺酸＋酪胺酸	82.8/63	131%
酥胺酸	42.7/34	126%
色胺酸	12.3/11	111%
纈胺酸	53/35	152%

營養成分分析表

熱量	2519仟卡	維他命A	16.7IU	鈣	556毫克
蛋白質	112公克	維他命 B_1	3.06毫克	銅	3.53毫克
碳水化合物	493公克	維他命 B_2	0.89毫克	鐵	29毫克
脂肪（總）	18.7公克	菸鹼酸	7.21毫克	鎂	916毫克
飽和脂肪酸	3.39公克	維他命 B_6	1.05毫克	錳	6.07毫克
單元不飽和脂肪酸	4.86公克	維他命 B_{12}	0微毫克	磷	1835毫克
多元不飽和脂肪酸	8.44公克	葉酸	1785微毫克	鉀	4328毫克
次亞麻油酸	1.47公克	泛酸	3.01毫克	硒	95.4微毫克
亞麻油酸	6.97公克	維他命C	0.088毫克	鈉	1497毫克
膽固醇	0毫克	維他命D	0微毫克	鋅	16.2毫克
纖維	72.2公克	維他命E	1.59毫克	水	794公克

1.有機黑豆 450g —— ❶泡水1天 ❷加水2000c.c.煮熟

2.海帶芽 10g —— 泡水備用

有機味噌 40g
未漂白冰糖 200g —— ❸加水800c.c.煮開成味噌汁

❹黑豆、海帶芽及味噌汁共煮，把汁煮成8分乾

3.有機生芝麻 20g —— 最後拌入褐芝麻

本品帶甜味，有些人將此作品當成開胃菜或飯後甜點食用。

黑豆桂花糕

有機蜂蜜

高粱

有機糙米

桂花

有機亞麻子

黑豆

蛋白質品質分數

胺基酸	實際比例/標準比例	分數
組胺酸	26.7/19	140%
異白胺酸	43.3/28	155%
白胺酸	81.2/66	123%
離胺酸	55/58	95%
甲硫胺酸＋胱胺酸	29.7/25	119%
苯丙胺酸＋酪胺酸	85.4/63	135%
酥胺酸	39.5/34	116%
色胺酸	12.3/11	112%
纈胺酸	55.1/35	157%

本分析表未包括高粱、亞麻、桂花

營養成分分析表

熱量	5548仟卡	維他命A	9.88IU	鈣	492毫克
蛋白質	160公克	維他命 B_1	6.02毫克	銅	4.66毫克
碳水化合物	1172公克	維他命 B_2	1.53毫克	鐵	35.2毫克
脂肪（總）	31.6公克	菸鹼酸	51.2毫克	鎂	1984毫克
飽和脂肪酸	6.63公克	維他命 B_6	5.34毫克	錳	38.3毫克
單元不飽和脂肪酸	10公克	維他命 B_{12}	0微毫克	磷	4393毫克
多元不飽和脂肪酸	11.6公克	葉酸	1651微毫克	鉀	5675毫克
次亞麻油酸	1.43公克	泛酸	16毫克	硒	430微毫克
亞麻油酸	10.2公克	維他命C	3毫克	鈉	85.2毫克
膽固醇	0毫克	維他命D	0微毫克	鋅	29.9毫克
纖維	88.9公克	維他命E	0.793毫克	水	794公克

1. 有機糙米 900g、高粱 50g、有機亞麻子 100g —— ❶以萬能調理機乾杯高速打1.5分鐘
2. 有機黑豆 380g —— ❷泡水6小時，發芽2天 ❸入鍋後煮40分鐘 ❹以萬能調理機濕杯8速打1分鐘
3. 桂花 5g、有機蜂蜜 300c.c. —— 加水1650c.c.

❺一起攪拌

❻入模型蒸1小時20分，待冷卻後切塊擺盤

營養成分極高，是很棒的甜點，且帶有桂花香，雖看來像豬血糕，卻是不可多得的好東西哦！

雙豆白花

材料

有機芹菜

有機白花菜

有機紅蘿蔔

有機黑豆

有機蕎麥雪花片

有機紅扁豆

有機亞麻油

有機熟芝麻

天然蔬菜調味料G6

蛋白質品質分數

胺基酸	實際比例/標準比例	分數
組胺酸	27.5/19	145%
異白胺酸	43.1/28	154%
白胺酸	75.2/66	114%
離胺酸	64.1/58	110%
甲硫胺酸＋胱胺酸	27/25	108%
苯丙胺酸＋酪胺酸	78.9/63	125%
酥胺酸	39.5/34	116%
色胺酸	12/11	109%
纈胺酸	51.5/35	147%

營養成分分析表

熱量	942仟卡	維他命A	1420IU	鈣	476毫克
蛋白質	58公克	維他命B_1	1.55毫克	銅	2.66毫克
碳水化合物	147公克	維他命B_2	0.582毫克	鐵	18.9毫克
脂肪（總）	18.3公克	菸鹼酸	7.15毫克	鎂	476毫克
飽和脂肪酸	2.81公克	維他命B_6	1.28毫克	錳	3.81毫克
單元不飽和脂肪酸	6.13公克	維他命B_{12}	0微毫克	磷	1090毫克
多元不飽和脂肪酸	7.94公克	葉酸	883微毫克	鉀	2606毫克
次亞麻油酸	0.603公克	泛酸	3毫克	硒	38.5微毫克
亞麻油酸	7.32公克	維他命C	58.9毫克	鈉	107毫克
膽固醇	0毫克	維他命D	0微毫克	鋅	9.43毫克
纖維	35.9公克	維他命E	1.59毫克	水	400公克

步驟

1.有機紅扁豆 70g
有機黑豆 120g
→ ❶ 分別泡水6小時，煮熟

2.有機白花菜 100g
→ ❷ 燙熟

3.有機紅蘿蔔 50g
有機芹菜 50g
→ ❸ 切絲

4.有機蕎麥雪花片 20g
有機亞麻油 30g
有機熟芝麻 30g
天然蔬菜調味料 G6 20g
→ ❹ 拌勻

❶❷❸❹ → ❺ 全部拌在一起

利用有機蕎麥雪花片，它與亞麻油、蔬菜調味料較易混合，使雙豆類有更好的口感。

四豆黑麥蛋糕

材料

有機黑豆

有機紅扁豆

有機鷄蛋

有機綠豆

有機黑麥

鮮奶

有機紅豆

有機生芝麻

有機楓糖

蛋白質品質分數

胺基酸	實際比例/標準比例	分數
組胺酸	25.5/19	134%
異白胺酸	44.6/28	159%
白胺酸	76.4/66	116%
離胺酸	58.7/58	101%
甲硫胺酸＋胱胺酸	39/25	156%
苯丙胺酸＋酪胺酸	80.9/63	128%
酥胺酸	39.9/34	117%
色胺酸	11.3/11	103%
纈胺酸	54.5/35	156%

營養成分分析表

熱量	869仟卡	維他命A	174IU	鈣	277毫克
蛋白質	37.1公克	維他命 B_1	0.628毫克	銅	1毫克
碳水化合物	154公克	維他命 B_2	0.855毫克	鐵	7.98毫克
脂肪（總）	15.6公克	菸鹼酸	5.4毫克	鎂	224毫克
飽和脂肪酸	4.5公克	維他命 B_6	0.59毫克	錳	6.01毫克
單元不飽和脂肪酸	4.94公克	維他命 B_{12}	1.02微毫克	磷	765毫克
多元不飽和脂肪酸	3.54公克	葉酸	271微毫克	鉀	1052毫克
次亞麻油酸	0.307公克	泛酸	3.19毫克	硒	24微毫克
亞麻油酸	3.22公克	維他命C	1.53毫克	鈉	149毫克
膽固醇	348毫克	維他命D	1.66微毫克	鋅	10毫克
纖維	21.4公克	維他命E	0.94毫克	水	211公克

步驟

1.有機黑麥 100g
有機綠豆 10g
有機黑豆 10g
有機紅豆 10g
有機紅扁豆 10g
有機生芝麻 5g
2.有機雞蛋 4顆80g
（可用蔬蛋取代）
3.有機楓糖 60c.c.
（可用寡糖取代）
蛋黃 4顆
鮮奶 80c.c.

❶混合打成粉，以萬能調理機乾杯高速打1.5分鐘
❷蛋白以打蛋器高速打8分鐘，蛋黃備用
❸與❶❷一同混合
❹輕柔地順同方向慢慢攪拌均勻，放入烤箱180℃。烤箱須預熱10分鐘，烤25分鐘。（用麵包機烤30分鐘亦可）

成品一

蛋糕在健康飲食中滿受歡迎，但若加上各種豆類，營養成分更完整。本品有成品二：四方形之成品是以麵包機做成。而長方形成品則是先放入模型再置入一般烤箱。二者口感都不錯。

1

2

3

4

成品二

蔬蛋包七豆

材料

地瓜

豆豉

七豆大麥

蔬蛋

亞麻子

黑胡椒

有機芹菜

花生

蛋白質品質分數

胺基酸	實際比例/標準比例	分數
組胺酸	25.9/19	136%
異白胺酸	40.5/28	145%
白胺酸	73.4/66	111%
離胺酸	61.7/58	106%
甲硫胺酸＋胱胺酸	25.5/25	102%
苯丙胺酸＋酪胺酸	79.5/63	126%
酥胺酸	36.4/34	107%
色胺酸	11/11	100%
纈胺酸	48.1/35	137%

營養成分分析表

熱量	1740仟卡	維他命A	28.8IU	鈣	411毫克
蛋白質	104公克	維他命B_1	2.89毫克	銅	3.47毫克
碳水化合物	287公克	維他命B_2	1.17毫克	鐵	27.9毫克
脂肪（總）	26公克	菸鹼酸	18.8毫克	鎂	718毫克
飽和脂肪酸	4.28公克	維他命B_6	1.68毫克	錳	7.76毫克
單元不飽和脂肪酸	9.85公克	維他命B_{12}	0微毫克	磷	1831毫克
多元不飽和脂肪酸	9.58公克	葉酸	1359微毫克	鉀	4799毫克
次亞麻油酸	0.493公克	泛酸	5.3毫克	硒	93.1微毫克
亞麻油酸	9.09公克	維他命C	27.1毫克	鈉	213毫克
膽固醇	0毫克	維他命D	0微毫克	鋅	14.6毫克
纖維	71.5公克	維他命E	8.76毫克	水	298公克

步驟

1.	七豆大麥	1磅454g
2.	芹菜	60g
	地瓜	80g
	黑胡椒	1g
	豆豉	25g
3.	花生	40g
	亞麻子	10g
	蔬蛋	19g

❶ 泡水煮熟（七豆大麥）
❷ 切小丁（芹菜、地瓜）
❸ 烤熟（花生）→ ❹ 以萬能調理機乾杯速打成粉
❺ 磨碎（亞麻子）
❻ 二者混合打散（❺、蔬蛋）→ ❼ 烤成蛋皮
❽ 全拌在一起（❶、❷、黑胡椒、豆豉）
❾ 將❽包入❼中撒上花生粉即爲成品

將七豆大麥加入蔬蛋皮中，是西式常用的天然餐廳料理。此食物因豆類含量多，具飽漲感，所以不可吃過量。七豆大麥：去皮青豌豆、花豆、綠扁豆、大紅豆、蔓越橘豆、黑豆、白豆、大麥。

1

2

3

4

5

6

7

8

9

紅豆

泡水三階段

紅豆是蝶形花科，紅豆屬一年生的草本植物，原產地爲溫帶地區及我國。紅豆在台灣年產量5斤噸以上，⅔外銷，尤其以日本爲主，它主要被做成甜食，用於糕餅的紅豆沙、紅豆羊羹、紅豆餡、紅豆年糕、紅豆餅等。冷飲方面常做成紅豆湯、紅豆冰。

在食療方面含有SAPNIM這種成分，對治療腳氣病、便秘有效。但若長期大量食用，會有痛風的缺點，王維詩中有首「紅豆生南國……此物最相思」當中的紅豆並非此處所指的紅豆，而是另一種叫相思籽的植物，請讀者分辨清楚。古時人以爲紅豆有防疫的功能，所以端午節有紅豆粽子，日本人在產後或生日喜宴、過年也常做紅豆飯，當做吉利喜氣的象徵。過去日本常用紅豆飯當補品食物，它可彌補白米飯中所缺乏的蛋白質、維生素、礦物質等東西。而且紅豆是鹼性的，加入酸性的白米是一道很好的酸鹼中和的食物。煮紅豆飯時最好紅豆的量比白米多較好。日本煮紅豆飯時常用白糯米250公克、紅豆130公克、黑砂糖80公克、薑15公克、麻油少許等材料，做法是先將紅豆、糯米洗乾淨，泡水一個晚上，第二天將水瀝乾，紅豆先煮15分鐘，將糯米、麻油和薑一起入鍋炒，炒到糯米有黏度爲止，然後拌入紅豆，水蒸8～15分鐘即可，煮熟的紅豆飯再撒上一些黑砂糖即完成了。紅豆還有偏方，可以治療腳的腫脹，效果據說很好。紅豆在東方習慣傳統中，有調理器官的功能，是女性生理期間最好的補品，又能排泄一些毒素，對腎臟病、心臟病都有效，尤其對怕冷、低血壓、寒性體質的人都有良好的效果。

紅豆在中醫上提及「味甘酸性平」《本草綱目》說「凡水腫瀉謝」都是失氣傷脾所致，而紅豆健脾、燥濕，對水腫、脹滿效果良好，止瀉利小便。一個產婦在泌乳期間，乳汁分泌不够，煮紅豆湯來喝非常有效，日本人過去在每月初一、十五都要吃紅豆，很有可能是紅豆具有很多療效的關係。

各階段生長

蛋白質品質分數

胺基酸	實際比例/標準比例	分數
組胺酸	26.4/19	139%
異白胺酸	39.9/28	142%
白胺酸	84/66	127%
離胺酸	75.4/58	130%
甲硫胺酸＋胱胺酸	19.9/25	80%
苯丙胺酸＋酪胺酸	82.8/63	131%
酥胺酸	33.9/34	100%
色胺酸	9.6/11	87%
纈胺酸	51.4/35	147%

營養成分分析表

熱量	332仟卡	維他命A	2.6IU	鈣	72.8毫克
蛋白質	19.6公克	維他命B_1	0.298毫克	銅	0.775毫克
碳水化合物	64.4公克	維他命B_2	0.167毫克	鐵	5.2毫克
脂肪（總）	0.26公克	菸鹼酸	1.87毫克	鎂	135毫克
飽和脂肪酸	0.093公克	維他命B_6	0.249毫克	錳	1.49毫克
單元不飽和脂肪酸	0.023公克	維他命B_{12}	0微毫克	磷	436毫克
多元不飽和脂肪酸	0.054公克	葉酸	314微毫克	鉀	1384毫克
次亞麻油酸	0公克	泛酸	1.12毫克	硒	0微毫克
亞麻油酸	0.054公克	維他命C	0毫克	鈉	20.8毫克
膽固醇	0毫克	維他命D	0微毫克	鋅	4.61毫克
纖維	13.3公克	維他命E	0毫克	水	172公克

紅豆全麥包子

材料

有機鮮奶

有機糖蜜

有機紅花油

有機紅豆

有機小麥

有機燕麥

紅糖

蛋白質品質分數

胺基酸	實際比例/標準比例	分數
組胺酸	25.1/19	132%
異白胺酸	41.4/28	148%
白胺酸	80.2/66	122%
離胺酸	58.6/58	101%
甲硫胺酸＋胱胺酸	29.8/25	119%
苯丙胺酸＋酪胺酸	83.2/63	132%
酥胺酸	33.8/34	99%
色胺酸	11.4/11	103%
纈胺酸	51.4/35	147%

營養成分分析表

熱量	3269仟卡	維他命A	101IU	鈣	1178毫克
蛋白質	81.1公克	維他命B_1	1.85毫克	銅	4.17毫克
碳水化合物	521公克	維他命B_2	1.13毫克	鐵	32.6毫克
脂肪（總）	108公克	菸鹼酸	18毫克	鎂	1303毫克
飽和脂肪酸	19.9公克	維他命B_6	3.15毫克	錳	16.9毫克
單元不飽和脂肪酸	71.3公克	維他命B_{12}	1.1微毫克	磷	2019毫克
多元不飽和脂肪酸	10.3公克	葉酸	762微毫克	鉀	8323毫克
次亞麻油酸	0.789公克	泛酸	7.86毫克	硒	297微毫克
亞麻油酸	9.5公克	維他命C	2.9毫克	鈉	309毫克
膽固醇	42.1毫克	維他命D	3.09微毫克	鋅	18.1毫克
纖維	55.9公克	維他命E	13.9毫克	水	731公克

步驟

1. 有機小麥 200g
   有機燕麥 30g
   → ❶混合，以萬能調理機乾杯高速打1.5分鐘成粉狀
2. 有機鮮奶 300c.c.
   有機紅花油 100c.c.
   紅糖 20g
   → ❷全倒入❶，攪拌均勻，揉成麵糰
3. 有機紅豆 200g → ❸泡水6小時 → 煮熟
   有機糖蜜 200c.c.
   → ❹以萬能調理機濕杯10速打1分鐘成泥狀

❺將❹包入麵糰內，入烤箱150℃烤25分鐘

紅豆包子一般很受人歡迎，甜味可以有機糖蜜、有機蜂蜜或100%寡糖替代。自製紅豆餡較安全且健康。市面上紅豆餡過甜，且加了不少食品添加劑，少用爲妙。

紅綠雙豆炒

有機紅豆

有機綠豆

天然蔬菜調味料低
鈉調味粉G9

胡椒粉

蛋白質品質分數

胺基酸	實際比例/標準比例	分數
組胺酸	27.6/19	145%
異白胺酸	40.8/28	146%
白胺酸	80.3/66	122%
離胺酸	72.2/58	125%
甲硫胺酸＋胱胺酸	20.2/25	81%
苯丙胺酸＋酪胺酸	86/63	136%
酥胺酸	33.1/34	97%
色胺酸	10.1/11	92%
纈胺酸	51.4/35	147%

營養成分分析表

熱量	923仟卡	維他命A	11.8IU	鈣	224毫克
蛋白質	57.5公克	維他命B1	1.1毫克	銅	1.81毫克
碳水化合物	175公克	維他命B2	0.498毫克	鐵	13.8毫克
脂肪（總）	1.98公克	菸鹼酸	5.1毫克	鎂	395毫克
飽和脂肪酸	0.624公克	維他命B6	0.64毫克	錳	3.55毫克
單元不飽和脂肪酸	0.277公克	維他命B12	0微毫克	磷	1050毫克
多元不飽和脂肪酸	0.617公克	葉酸	1099微毫克	鉀	3132毫克
次亞麻油酸	0.035公克	泛酸	3.3毫克	硒	0微毫克
亞麻油酸	0.552公克	維他命C	3.96毫克	鈉	39.3毫克
膽固醇	0毫克	維他命D	0微毫克	鋅	10.3毫克
纖維	30.1公克	維他命E	0毫克	水	547公克

1. 有機紅豆 150g　有機綠豆 120g → ❶ 泡水6小時，發芽1天
2. 胡椒粉 3g　天然蔬菜調味料低鈉調味粉G9 10g → ❷ 入鍋加調味料，以小火炒乾即為成品

此作品若要做成零嘴亦可，但調味料可再少放些。國人較不習慣將豆類以原貌呈現，多半是加工後的菜餚，讀者們不妨試試，並非一定要將其做成餡或泥狀方可用。

青梅紅豆麥飯

胡桃

杏仁片

有機青梅醋

有機紅豆

有機綠扁豆

有機小麥

青木瓜

蛋白質品質分數

胺基酸	實際比例/標準比例	分數
組胺酸	25.9/19	136%
異白胺酸	39.2/28	140%
白胺酸	79.3/66	120%
離胺酸	63.8/58	110%
甲硫胺酸＋胱胺酸	25.7/25	103%
苯丙胺酸＋酪胺酸	80.9/63	128%
酥胺酸	33.4/34	98%
色胺酸	10.2/11	93%
纈胺酸	49.9/35	142%

營養成分分析表

熱量	1850仟卡	維他命A	98IU	鈣	440毫克
蛋白質	81.8公克	維他命B_1	1.48毫克	銅	4.05毫克
碳水化合物	305公克	維他命B_2	0.992毫克	鐵	24.2毫克
脂肪（總）	48.6公克	菸鹼酸	11.1毫克	鎂	672毫克
飽和脂肪酸	4.77公克	維他命B_6	1.36毫克	錳	8.8毫克
單元不飽和脂肪酸	17.6公克	維他命B_{12}	0微毫克	磷	1873毫克
多元不飽和脂肪酸	23.5公克	葉酸	1084微毫克	鉀	5845毫克
次亞麻油酸	3.59公克	泛酸	4.87毫克	硒	34.8微毫克
亞麻油酸	19.6公克	維他命C	103毫克	鈉	85.2毫克
膽固醇	0毫克	維他命D	0微毫克	鋅	18.4毫克
纖維	57.6公克	維他命E	5.25毫克	水	1156公克

1.有機小麥 50g —— 泡水6小時，發芽4天
有機綠扁豆 50g —— 泡水6小時，發芽1天 ❶
2.有機紅豆 300g
有機青梅醋 500c.c. —— ❷泡水6小時後，將水倒去，再和青梅醋一起泡
3.青木瓜 150g —— ❸ 刨絲
4.胡桃 50g
杏仁片 30g

❹ 全部拌在一起

這是較高段的生機飲食。讀者若無法適應，可將紅豆、綠扁豆煮熟。至於其他生食讀者應較能接受。讀者若買不到有機青梅醋，可改用有機葡萄醋。（葡萄醋中Balsamic是極品，經過5年以上發酵，口感極佳。）亦可用有機紅酒醋或白酒醋。

1

2

3

4

小米紅豆雪片糲糬

材料

有機糖蜜

有機小米雪花片

有機亞麻子

紅豆

蛋白質品質分數

胺基酸	實際比例/標準比例	分數
組胺酸	26.3/19	138%
異白胺酸	39.9/28	143%
白胺酸	84.9/66	129%
離胺酸	74.3/58	128%
甲硫胺酸＋胱胺酸	20.3/25	81%
苯丙胺酸＋酪胺酸	82.8/63	131%
酥胺酸	33.8/34	100%
色胺酸	9.62/11	87%
纈胺酸	51.5/35	147%

營養成分分析表

熱量	14195仟卡	維他命A	104IU	鈣	3210毫克
蛋白質	798公克	維他命B_1	12.5毫克	銅	32.4毫克
碳水化合物	2779公克	維他命B_2	7.06毫克	鐵	217毫克
脂肪（總）	15公克	菸鹼酸	81.9毫克	鎂	5914毫克
飽和脂肪酸	4.48公克	維他命B_6	11.4毫克	錳	63毫克
單元不飽和脂肪酸	1.73公克	維他命B_{12}	0微毫克	磷	17947毫克
多元不飽和脂肪酸	4.46公克	葉酸	12657微毫克	鉀	57654毫克
次亞麻油酸	0.128公克	泛酸	46.6毫克	硒	90微毫克
亞麻油酸	4.33公克	維他命C	0毫克	鈉	892毫克
膽固醇	0毫克	維他命D	0微毫克	鋅	189毫克
纖維	536公克	維他命E	1.62毫克	水	7253公克

步驟

1.有機紅豆	400g	泡水6小時，煮熟	
有機糖蜜	100c.c.		
2.有機小米雪花片	150g	❷ 加溫水250c.c.揉成團	
3.有機亞麻子	20g	❹ 研磨機磨出亞麻子粉	

❶混合糖蜜，以萬能調理機濕杯高速1分鐘攪拌成泥

❸ 將❶包入❷內

將麻糬裹上亞麻子粉即為成品

本作品大小可依個人喜好改變。一般而言，市面上有非常多的產品內餡皆用紅豆。但都是其它公司專門製作的，不但多數過甜，也不知有何添加劑，不如自製為佳。糖蜜含高鐵、高鈣，是很好的健康食品，雖稍帶苦味，但做成紅豆餡苦味不明顯，一般小孩都能接受。

綠豆

泡水三階段

綠豆是蝶形花科綠豆屬一年生的草本熱帶性植物，原產於印度及我國大陸南方。

綠豆於民間使用相當普遍，綠豆稀飯、綠豆粉、綠豆沙糕餅、點心餡料等，又常加工做成粉絲、冬粉、粉條、涼粉、粉皮……等都是在市場上常買得到的食物，另外也可種植綠豆芽，一般食用的豆芽，都是以綠豆芽爲主的。《本草綱目》記載綠豆可「消腫下氣，清熱解毒，消暑止渴，安精神補元氣，調和五臟，潤皮膚，宜常食用之。」「味甘性寒，適入心慰精」。

夏天喝綠豆湯，是清涼解渴的飲料，農忙時期，也喜歡用冰涼的綠豆湯代替茶水飲用，中醫上習慣説綠色補肝，綠豆可促進肝汁分泌，幫助肝臟的運作。肝臟不健康的人，神經不安定型，疲勞不易恢復的人，綠豆會是一個很好的食品。常喝綠豆茶，據説可預防肝病的發生。作法簡單，綠豆洗淨泡水一晚，水瀝乾後，用30倍的開水沖，來替代茶水喝。因綠豆屬寒性，所以體質屬寒或生理期的人、低血壓的人，使用綠豆就必須小心些，最好別吃。

綠豆芽的栽種很簡單，可拿個茶壺，將綠豆放入茶壺中，蓋上蓋子，再從壺口一天澆三次水，把水倒乾，約三～四天後綠豆芽就長出來了。裝在茶壺中的綠豆芽因爲沒有見過光，所以最好吃，有照過陽光的綠豆芽會有些紫色，吃起來會稍帶苦味，但無毒。

市售綠豆芽看來較胖、較壯，且外形漂亮、無根，那是加了矮化劑這個化學成分，使綠豆比較胖壯，但那是不健康的，最好是自己種綠豆芽比較健康，而且綠豆芽是蔬菜中容易種養的，讀者可以自己種。

蛋白質品質分數

胺基酸	實際比例/標準比例	分數
組胺酸	29.2/19	153%
異白胺酸	42.3/28	151%
白胺酸	77.3/66	117%
離胺酸	69.7/58	120%
甲硫胺酸＋胱胺酸	20.8/25	83%
苯丙胺酸＋酪胺酸	90.3/63	143%
酥胺酸	32.7/34	96%
色胺酸	10.8/11	99%
纈胺酸	51.8/35	148%

營養成分分析表

熱量	346仟卡	維他命A	6.6IU	鈣	89.2毫克
蛋白質	23.2公克	維他命B_1	0.542毫克	銅	0.516毫克
碳水化合物	63.4公克	維他命B_2	0.203毫克	鐵	4.61毫克
脂肪（總）	1.25公克	菸鹼酸	1.91毫克	鎂	158毫克
飽和脂肪酸	0.382公克	維他命B_6	0.222毫克	錳	0.983毫克
單元不飽和脂肪酸	0.18公克	維他命B_{12}	0微毫克	磷	325毫克
多元不飽和脂肪酸	0.421公克	葉酸	523微毫克	鉀	879毫克
次亞麻油酸	0.029公克	泛酸	1.35毫克	硒	0微毫克
亞麻油酸	0.392公克	維他命C	3.3毫克	鈉	6.6毫克
膽固醇	0毫克	維他命D	0微毫克	鋅	2.78毫克
纖維	8.27公克	維他命E	0毫克	水	240公克

綠沙柚片

材料

綠豆仁

有機葡萄柚

未漂白冰糖

蛋白質品質分數

胺基酸	實際比例/標準比例	分數
組胺酸	28/19	147%
異白胺酸	40.8/28	146%
白胺酸	74.2/66	112%
離胺酸	67.3/58	116%
甲硫胺酸＋胱胺酸	20.1/25	80%
苯丙胺酸＋酪胺酸	86.7/63	138%
酥胺酸	31.9/34	94%
色胺酸	10.5/11	96%
纈胺酸	50.2/35	143%

營養成分分析表

熱量	1090仟卡	維他命A	156IU	鈣	239毫克
蛋白質	49.4公克	維他命 B_1	1.27毫克	銅	1.3毫克
碳水化合物	229公克	維他命 B_2	0.528毫克	鐵	9.91毫克
脂肪（總）	3.06公克	菸鹼酸	4.87毫克	鎂	361毫克
飽和脂肪酸	0.841公克	維他命 B_6	0.677毫克	錳	2.02毫克
單元不飽和脂肪酸	0.431公克	維他命 B_{12}	0微毫克	磷	701毫克
多元不飽和脂肪酸	0.977公克	葉酸	1113微毫克	鉀	2461毫克
次亞麻油酸	0.086公克	泛酸	4.26毫克	硒	4.92微毫克
亞麻油酸	0.887公克	維他命C	216毫克	鈉	13.8毫克
膽固醇	0毫克	維他命D	0微毫克	鋅	5.96毫克
纖維	23.7公克	維他命E	1.38毫克	水	982公克

步驟

1.綠豆仁 200g
未漂白冰糖 60g
2.有機葡萄柚2個 550g

❶ 煮熟 → ❷以萬能調理機濕杯9速打2分鐘成泥狀
❸挖空內部留柚皮備用 → ❹柚皮入熱開水泡5小時
❺綠豆沙包入柚皮內，蒸20分鐘。置涼放入冰箱，切片即爲成品

葡萄柚皮先煮過較不苦。之後再蒸過，雖仍不免稍帶苦味，但很好吃。柑橘類的表皮都含有很高的生物類黃酮素，對抗癌、慢性病有極佳助益。柑橘類只要是有機的，表皮均可完全食用。讀者對中藥的陳皮應有印象，它是很具療效的食物。

1

2

3

4

5

綠豆玉米碎起司糕

胡桃

玉米碎

綠豆仁

無防腐劑起司條

蛋白質品質分數

胺基酸	實際比例/標準比例	分數
組胺酸	29.5/19	155%
異白胺酸	43.6/28	156%
白胺酸	81/66	123%
離胺酸	69.3/58	119%
甲硫胺酸＋胱胺酸	23/25	92%
苯丙胺酸＋酪胺酸	91.6/63	145%
酥胺酸	34.1/34	100%
色胺酸	10.8/11	98%
纈胺酸	53/35	151%

營養成分分析表

熱量	3074仟卡	維他命A	152IU	鈣	781毫克
蛋白質	206公克	維他命 B_1	4.85毫克	銅	4.26毫克
碳水化合物	546公克	維他命 B_2	1.98毫克	鐵	37.1毫克
脂肪（總）	21.4公克	菸鹼酸	20毫克	鎂	1341毫克
飽和脂肪酸	4.97公克	維他命 B_6	1.98毫克	錳	8.44毫克
單元不飽和脂肪酸	7.06公克	維他命 B_{12}	0.949微毫克	磷	2977毫克
多元不飽和脂肪酸	6.61公克	葉酸	4147微毫克	鉀	7677毫克
次亞麻油酸	0.352公克	泛酸	13.1毫克	硒	11.4微毫克
亞麻油酸	6.25公克	維他命C	45.8毫克	鈉	705毫克
膽固醇	6.6毫克	維他命D	0.015微毫克	鋅	23.7毫克
纖維	73.3公克	維他命E	0.621毫克	水	2182公克

1.綠豆仁 690g — ❶加水700c.c.煮熟，再以萬能調理機濕杯9速打2分鐘成泥狀

2.玉米碎 300g — ❷洗淨、煮熟

3.無防腐劑起司條150g

❸趁熱和豆沙、起司條拌在一起，倒入模型後放涼，切塊冰入冰箱

胡桃 10g — 切丁，放入盤中當綴飾

綠豆沙、玉米碎二者趁熱加入起司，它才會融化，口感較好吃。也可放入鍋內乾煎一下較香。

綠豆青椒

小紅莓

杏桃乾

有機青椒

有機香料迷迭香

波羅蜜乾

有機蜂蜜

綠豆仁

蘋果乾

蛋白質品質分數

胺基酸	實際比例/標準比例	分數
組胺酸	26.4/19	139%
異白胺酸	38.9/28	139%
白胺酸	70.5/66	107%
離胺酸	64.3/58	111%
甲硫胺酸＋胱胺酸	20/25	80%
苯丙胺酸＋酪胺酸	81.2/63	129%
酥胺酸	31.3/34	92%
色胺酸	10.5/11	95%
纈胺酸	47.7/35	136%

營養成分分析表

熱量	401仟卡	維他命A	193IU	鈣	132毫克
蛋白質	12.9公克	維他命B1	0.36毫克	銅	0.458毫克
碳水化合物	91.6公克	維他命B2	0.207毫克	鐵	4.8毫克
脂肪（總）	1.82公克	菸鹼酸	1.99毫克	鎂	108毫克
飽和脂肪酸	0.226公克	維他命B6	0.433毫克	錳	0.791毫克
單元不飽和脂肪酸	0.171公克	維他命B12	0微毫克	磷	195毫克
多元不飽和脂肪酸	0.354公克	葉酸	267微毫克	鉀	919毫克
次亞麻油酸	0.026公克	泛酸	0.886毫克	硒	2.3微毫克
亞麻油酸	0.318公克	維他命C	102毫克	鈉	27.4毫克
膽固醇	0毫克	維他命D	0微毫克	鋅	1.86毫克
纖維	11公克	維他命E	1.09毫克	水	272公克

1. 綠豆仁 150g
   有機香料迷迭香 5g
   有機蜂蜜 15c.c.
2. 小紅莓 10g
   蘋果乾 20g
   杏桃乾 40g
   波羅蜜乾 20g
3. 有機青椒 100g

❶ 煮熟

❷ 以萬能調理機濕杯 9 速打 1.5 分鐘成泥狀

❸ 切成小碎塊置入蜂蜜豆泥內拌勻

❹ 塞入青椒內

水果乾儘量選用沒有硫化處理的較安全，其風味很受小孩喜愛，可常在生機小點上運用。青椒生吃非常可口，若實在不習慣，可將本品蒸一下。

綠豆什錦黑麥球

材料

巴西利

有機黑麥

有機青椒

有機綠豆仁

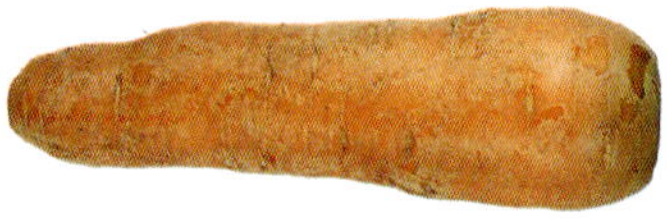

有機紅蘿蔔

天然蔬菜調味料G1

蛋白質品質分數

胺基酸	實際比例/標準比例	分數
組胺酸	27.6/19	145%
異白胺酸	40.5/28	145%
白胺酸	73.4/66	111%
離胺酸	59.9/58	103%
甲硫胺酸＋胱胺酸	26.9/25	108%
苯丙胺酸＋酪胺酸	82.7/63	131%
酥胺酸	33.8/34	99%
色胺酸	10.7/11	97%
纈胺酸	51.3/35	147%

營養成分分析表

熱量	1551仟卡	維他命A	617IU	鈣	303毫克
蛋白質	88.1公克	維他命B_1	2.02毫克	銅	2.22毫克
碳水化合物	301公克	維他命B_2	1.03毫克	鐵	17.4毫克
脂肪（總）	8.25公克	菸鹼酸	13.7毫克	鎂	645毫克
飽和脂肪酸	1.55公克	維他命B_6	1.23毫克	錳	7.87毫克
單元不飽和脂肪酸	1.07公克	維他命B_{12}	0微毫克	磷	1576毫克
多元不飽和脂肪酸	3.34公克	葉酸	1442微毫克	鉀	2853毫克
次亞麻油酸	0.392公克	泛酸	6.38毫克	硒	0.517微毫克
亞麻油酸	2.93公克	維他命C	34.7毫克	鈉	38.7毫克
膽固醇	0毫克	維他命D	0微毫克	鋅	14.5毫克
纖維	53.9公克	維他命E	0.32毫克	水	662公克

步驟

1.有機黑麥 200g
有機綠豆仁 250g
2.有機青椒 20g
有機紅蘿蔔 20g
巴西利 5g
3.天然蔬菜調味料G1 15g

❶泡水1天 → ❷入鍋乾炒至有爆烈聲
❸入鍋煮熟
❹黑麥及綠豆仁拌勻挖成球
❺切丁
❻放調味料入鍋，加水250c.c.煮成淋燴汁。燴在❹上，即爲成品

本品有紅燒獅子頭的感覺，但更好吃，營養價值亦高，可依家人喜好調整大小。巴西利在一般大市場有賣，亦可用乾品替代。

綠芽鳳尾藻

材料

有機青椒

黑木耳

綠鳳尾藻

有機紅蘿蔔

有機紅扁豆

黑胡椒

有機香菇

有機綠豆

天然蔬菜調味料低鈉鹽G9

蛋白質品質分數

胺基酸	實際比例/標準比例	分數
組胺酸	25.4/19	134%
異白胺酸	40.7/28	145%
白胺酸	64/66	97%
離胺酸	64.9/58	112%
甲硫胺酸＋胱胺酸	20/25	80%
苯丙胺酸＋酪胺酸	66/63	105%
酥胺酸	33.3/34	98%
色胺酸	10.5/11	95%
纈胺酸	45.5/35	130%

營養成分分析表

熱量	193仟卡	維他命A	1159IU	鈣	84.9毫克
蛋白質	13.7公克	維他命B_1	0.349毫克	銅	0.779毫克
碳水化合物	37.6公克	維他命B_2	0.486毫克	鐵	6.28毫克
脂肪（總）	0.932公克	菸鹼酸	4.38毫克	鎂	110毫克
飽和脂肪酸	0.162公克	維他命B_6	0.492毫克	錳	1.1毫克
單元不飽和脂肪酸	0.104公克	維他命B_{12}	0微毫克	磷	275毫克
多元不飽和脂肪酸	0.389公克	葉酸	241微毫克	鉀	906毫克
次亞麻油酸	0.06公克	泛酸	2.38毫克	硒	10.6微毫克
亞麻油酸	0.329公克	維他命C	64.1毫克	鈉	31.6毫克
膽固醇	0毫克	維他命D	0微毫克	鋅	2.31毫克
纖維	9.51公克	維他命E	0.744毫克	水	217公克

綠芽鳳尾藻

步驟

1.有機綠豆 90g —— ❶泡水發芽10天 → ❷去種子頭部（可留著另外食用）

2.綠鳳尾藻 5g —— 洗2次後濾乾

有機香菇 20g
黑木耳 35g —— ❸泡水洗淨

3.有機青椒 50g
有機紅蘿蔔 40g

（綠鳳尾藻、❸及3.）—— ❹切絲 → ❷

4.黑胡椒 2g
天然蔬菜調味料低鈉鹽G9 5g —— ❺加入調味料，全部拌在一起

5.有機紅扁豆 30g —— 以萬能調理機乾杯高速打0.5分鐘成粉狀，撒在❺上即爲成品

本品因綠豆及綠鳳尾藻皆屬寒性，故若加上老薑配味更佳，綠豆芽去掉的頭部可做湯，或燙過拌調味料來吃，綠豆請儘量親自泡水發芽。

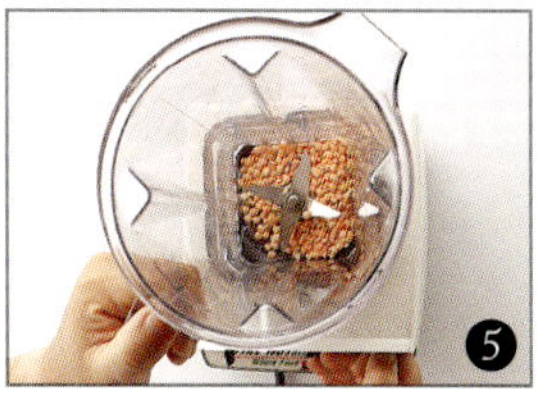

綠芽銀絲粉

材料

有機紅蘿蔔

辣椒

天然蔬菜調味料低鈉鹽 G9

有機冬粉

有機番茄

有機亞麻油

木耳

黑胡椒

有機綠豆

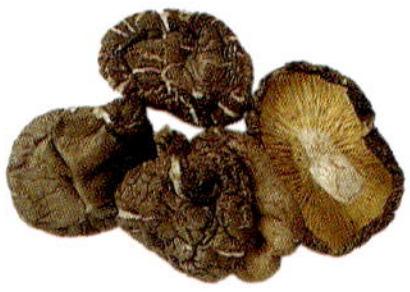

有機香菇

蛋白質品質分數

胺基酸	實際比例/標準比例	分數
組胺酸	20.3/19	107%
異白胺酸	35.7/28	127%
白胺酸	49.3/66	75%
離胺酸	54.1/58	93%
甲硫胺酸＋胱胺酸	18/25	72%
苯丙胺酸＋酪胺酸	49.9/63	79%
酥胺酸	28.4/34	84%
色胺酸	12/11	109%
纈胺酸	37.5/35	107%

營養成分分析表

熱量	123仟卡	維他命A	1717IU	鈣	64.8毫克
蛋白質	7.44公克	維他命 B_1	0.317毫克	銅	0.709毫克
碳水化合物	26.7公克	維他命 B_2	0.544毫克	鐵	4.39毫克
脂肪（總）	1.24公克	菸鹼酸	5.03毫克	鎂	68.4毫克
飽和脂肪酸	0.224公克	維他命 B_6	0.406毫克	錳	0.84毫克
單元不飽和脂肪酸	0.162公克	維他命 B_{12}	0微毫克	磷	198毫克
多元不飽和脂肪酸	0.486公克	葉酸	114微毫克	鉀	1014毫克
次亞麻油酸	0.039公克	泛酸	2.23毫克	硒	8.53微毫克
亞麻油酸	0.444公克	維他命C	99.1毫克	鈉	45毫克
膽固醇	0毫克	維他命D	0微毫克	鋅	1.31毫克
纖維	8.92公克	維他命E	1.02毫克	水	367公克

（本品亞麻油未計入營養成分）

步驟

材料	份量	做法
1.有機綠豆芽	100g	❶泡水5小時，發芽5天
2.木耳	30g	泡水，❷切絲
有機香菇	30g	泡水，❷切絲
有機紅蘿蔔	50g	❷切絲
有機番茄	150g	切丁
辣椒	20g	切丁
3.有機冬粉	100g	❸燙熱切絲
4.天然蔬菜調味料低鈉鹽G9	15g	❹拌勻，加入所有材料
有機亞麻油	20c.c.	❹拌勻，加入所有材料
黑胡椒	5g	❹拌勻，加入所有材料

本品是很可口的沙拉菜。但綠豆芽，讀者們一定要自己發芽，或到健康食品店購買。絕不可用傳統市場或超市的綠豆芽（雖然看來賣相極佳）。綠豆用不透光的水壺發芽是最好的方法，或到一般健康食品店洽詢。

豌豆

泡水三階段

豆科植物，豌豆的籽實。是史前時代就已有的作物，原產地雖不可考，但一般相信中歐、中亞一帶在上古時代就已種植了豌豆。中世紀的英國人相信，豌豆有增加性慾的效能，新鮮的豌豆含有豐富的澱粉和蛋白質，能使體內有鹼性化的功效。

豌豆收成後，應立即收藏在0℃的溫度下，否則其甜度會因高溫而漸喪失，若收成後一段時間沒有煮食，它的甜度和柔軟度就會因爲老化而變質。讀者在煮豌豆時切勿加小蘇打，否則豌豆的表皮會因此而變色，甚至會破壞其營養成分，使其不易消化。烹調時可蓋緊鍋蓋或用保鮮膜包好再行蒸煮。紅蘿蔔或大頭菜會使味道更鮮美，加上洋蔥便可以不用再加其他調味品。生豌豆有相當高的營養，含有十分豐富的維他命A（一般五穀雜糧含有豐富的Vitamine A），另有Vitamine C和B_1也是豌豆很大的特色。如果豌豆煮食，會破壞許多營養，所以生吃豌豆是最好的，生吃前可以泡水使之軟化，最好不要和水果一起吃，應該和蔬菜或澱粉類的食物一起拌成沙拉吃，攪拌的方法可加各種有機橄欖油，例如蒜味、檸檬味，再加上有機白酒醋、紅酒醋、葡萄醋，調配出來的沙拉會是一道很受歡迎的生機飲食。

中國醫學認爲豌豆「性平味甘，入脾胃大腸筋，具有和中益氣利小便，解病毒、通乳消脹的功效」。可治療霍亂、腳氣病、糖尿病、產後乳汁減少等問題。豌豆有人稱爲之荷蘭豆，豆莢中所含的葉綠素、鈣、鐵皆十分豐富，若丟棄不食，十分可惜，目前豌豆很多都是用冷凍或罐頭包裝，但其實能買到新鮮豌豆，連豆莢一起吃是最好的。但若在荷蘭豆非盛產的季節，則可用冷凍、乾燥的豌豆作爲替代品。以豌豆泡水種豌豆苗是很好的豆苗食物，豌豆苗含有豐富的維他命C，它能對抗壞血病，含有很高的抗氧化劑，能阻止亞硝胺的合成，及阻止外來的致癌物質造成游離基的狀態，解除外來物質的致癌毒性，提高我們的免疫機能。還能促進干擾醋的合成，因此豌豆苗具有防癌、抗癌的功效，栽種時泡水5～6小時後催芽1～2天，不催芽也可以直接舖在泥炭土，或各種栽培土上，每天澆水3次，很快便會長出豌豆苗，一般約長7.8或5.6公分就可以剪下來吃，然後還可以再發一次芽，一般來說豌豆苗可以剪2次，到採收3次皆可，直到苗底下的豆子看起來很小，小到没有營養價值才停止。豌豆苗在生機飲食中佔很重要的地位，讀者不妨練習自己種豌豆苗，並多吃豌豆。.

各階段生長

蛋白質品質分數

胺基酸	實際比例/標準比例	分數
組胺酸	19.7/19	104%
異白胺酸	36/28	129%
白胺酸	59.5/66	90%
離胺酸	58.5/58	101%
甲硫胺酸＋胱胺酸	21/25	84%
苯丙胺酸＋酪胺酸	57.9/63	92%
酥胺酸	37.4/34	110%
色胺酸	6.87/11	62%
纈胺酸	43.4/35	124%

營養成分分析表

熱量	343仟卡	維他命A	272IU	鈣	106毫克
蛋白質	23公克	維他命B_1	1.13毫克	銅	0.747毫克
碳水化合物	61.6公克	維他命B_2	0.56毫克	鐵	6.24毫克
脂肪（總）	1.7公克	菸鹼酸	8.88毫克	鎂	140毫克
飽和脂肪酸	0.302公克	維他命B_6	0.718毫克	錳	1.74毫克
單元不飽和脂肪酸	0.149公克	維他命B_{12}	0微毫克	磷	460毫克
多元不飽和脂肪酸	0.794公克	葉酸	276微毫克	鉀	1032毫克
次亞麻油酸	0.149公克	泛酸	0.443毫克	硒	21.2微毫克
亞麻油酸	0.645公克	維他命C	170毫克	鈉	21.2毫克
膽固醇	0毫克	維他命D	0微毫克	鋅	5.28毫克
纖維	20.8公克	維他命E	1.66毫克	水	335公克

薄荷豌豆湯

材料

有機亞麻油

天然蔬菜調味料G4

白胡椒

有機香料：美洲薄荷

葛根粉

紅海苔

有機豌豆

有機紅扁豆

蛋白質品質分數

胺基酸	實際比例/標準比例	分數
組胺酸	19.3/19	102%
異白胺酸	36.3/28	130%
白胺酸	61.8/66	94%
離胺酸	50/58	86%
甲硫胺酸＋胱胺酸	21.5/25	86%
苯丙胺酸＋酪胺酸	60.9/63	97%
酥胺酸	41/34	121%
色胺酸	9.9/11	90%
纈胺酸	48.2/35	138%

營養成分分析表

熱量	63仟卡	維他命A	101IU	鈣	63毫克
蛋白質	3.53公克	維他命B_1	0.142毫克	銅	0.144毫克
碳水化合物	14.1公克	維他命B_2	0.171毫克	鐵	1.95毫克
脂肪（總）	0.248公克	菸鹼酸	1.24毫克	鎂	43.7毫克
飽和脂肪酸	0.055公克	維他命B_6	0.136毫克	錳	0.44毫克
單元不飽和脂肪酸	0.22公克	維他命B_{12}	0微毫克	磷	72.2毫克
多元不飽和脂肪酸	0.116公克	葉酸	68.5微毫克	鉀	373毫克
次亞麻油酸	0.061公克	泛酸	0.207毫克	硒	1.12微毫克
亞麻油酸	0.045公克	維他命C	25.4毫克	鈉	27.1毫克
膽固醇	0毫克	維他命D	0微毫克	鋅	0.463毫克
纖維	5.2公克	維他命E	0.94毫克	水	141公克

步驟

1.有機豌豆 150g
有機紅扁豆 2g
2.有機香料：美洲薄荷1g
白胡椒 1g
天然蔬菜調味料G4 3g
3.葛根粉 5g
有機亞麻油 2c.c.
紅海苔 2g

❶分別泡水5小時，發芽2天 → ❷豌豆加水250c.c.以萬能調理機濕杯8速打1.5分鐘

❸全部拌勻

❹加葛根粉，熄火，淋上亞麻油，再撒上紅海苔、紅扁豆

這是一道西式濃湯，但帶有生機氣息，是道風味獨特的濃湯。讀者們可自行調成其他甜味亦不錯。

1

2

3

4

豌豆布丁

材料

有機蜂蜜

有機豌豆

有機牛奶

有機鶏蛋

蛋白質品質分數

胺基酸	實際比例/標準比例	分數
組胺酸	24.3/19	128%
異白胺酸	54.1/28	193%
白胺酸	86.3/66	131%
離胺酸	72.6/58	125%
甲硫胺酸＋胱胺酸	42.8/25	171%
苯丙胺酸＋酪胺酸	90/63	143%
酥胺酸	45.5/34	134%
色胺酸	12.1/11	110%
纈胺酸	60.6/35	173%

營養成分分析表

熱量	840仟卡	維他命A	619IU	鈣	744毫克
蛋白質	48.6公克	維他命 B_1	0.64毫克	銅	0.305毫克
碳水化合物	79.3公克	維他命 B_2	2.03毫克	鐵	5.08毫克
脂肪（總）	37.7公克	菸鹼酸	3.14毫克	鎂	130毫克
飽和脂肪酸	17公克	維他命 B_6	0.709毫克	錳	0.596毫克
單元不飽和脂肪酸	12.6公克	維他命 B_{12}	3.84微毫克	磷	967毫克
多元不飽和脂肪酸	3.6公克	葉酸	199微毫克	鉀	1333毫克
次亞麻油酸	0.448公克	泛酸	4.29毫克	硒	62.3微毫克
亞麻油酸	3.15公克	維他命C	53.3毫克	鈉	511毫克
膽固醇	918毫克	維他命D	7.76微毫克	鋅	5.74毫克
纖維	5.88公克	維他命E	2.73毫克	水	706公克

步驟

1.有機豌豆 120g —— ❶泡水6小時，發芽1天 ➜ ❷煮熟 ➜ ❸加水30c.c.用萬能調理機濕杯7速打30秒成碎粒

2.有機鷄蛋 200g —— 打散

有機牛奶 500c.c.
有機蜂蜜 30c.c.
（可改用寡糖）
—— ❹小火慢煮至蜂蜜化開

打散 + ❹ —— ❺混合拌勻再過濾

❸ + ❺ —— ❻將❸置入❺內，以小火蒸45分鐘即可

此道布丁甜點很可愛，且有難得的營養價值，小孩、大人都適宜。

1

2

3

4

5

6

四豆起司花菜煲

材料

有機黑豆

有機花椰菜

有機豌豆

無防腐劑起司

天然蔬菜調味料G1

有機紅扁豆

有機黃豆

蛋白質品質分數

胺基酸	實際比例/標準比例	分數
組胺酸	28.1/19	148%
異白胺酸	48.1/28	172%
白胺酸	83/66	126%
離胺酸	70.1/58	121%
甲硫胺酸＋胱胺酸	31.8/25	127%
苯丙胺酸＋酪胺酸	87.2/63	138%
酥胺酸	41.8/34	123%
色胺酸	11.6/11	105%
纈胺酸	53.7/35	153%

營養成分分析表

熱量	183仟卡	維他命A	14.2IU	鈣	94.6毫克
蛋白質	16.7公克	維他命B_1	0.331毫克	銅	0.381毫克
碳水化合物	25.4公克	維他命B_2	0.279毫克	鐵	3.63毫克
脂肪（總）	2.99公克	菸鹼酸	1.37毫克	鎂	88.5毫克
飽和脂肪酸	0.665公克	維他命B_6	0.38毫克	錳	0.739毫克
單元不飽和脂肪酸	0.61公克	維他命B_{12}	0.253微毫克	磷	271毫克
多元不飽和脂肪酸	1.41公克	葉酸	196微毫克	鉀	782毫克
次亞麻油酸	0.28公克	泛酸	1.07毫克	硒	8.27微毫克
亞麻油酸	1.13公克	維他命C	57.3毫克	鈉	198毫克
膽固醇	1.76毫克	維他命D	0.004微毫克	鋅	1.79毫克
纖維	8.01公克	維他命E	0.564毫克	水	182公克

步驟

1.有機黃豆 10g
有機紅扁豆 10g
有機黑豆 10g
有機豌豆 10g
→ ❶泡水5小時，發芽2天

2.有機花椰菜 110g → ❷去皮去梗

3.天然蔬菜調味料G1 15g
馬鈴薯濃湯
→ ❸以熱水150c.c.調成濃稠狀

4.無防腐劑起司 40g → 加入起司，以170℃烤18分鐘（烤箱須先以180℃預熱10分鐘）

❶❷❸ → ❹所有材料置入烤盤內，淋上燴汁

1.去皮去梗的花椰菜，其皮、梗可打碎，丟入精力湯內食用。
2.各種豆類混在一起若嫌麻煩或怕不消化，可單用一種豆。

米豆

泡水三階段

蝶形花科豇豆屬，半蔓性一年生的草本植物，原產於我國及印度，可以代替米，所以叫米豆，但英文名叫Black eye bean，因米豆外表像有一雙黑眼，所以英文叫「黑眼豆」。

一般在洗淨後和米一起煮，甚至包粽子都是很好的食物。也可以讓它發芽，發芽後和精力湯一起搗，也是很好的生機食物。

而木植素可使强力的雌女性賀爾蒙失效，避免癌腫的生長，尤其對乳癌及生殖系統方面的癌症，有很大助益。根據很多研究顯示，多吃含有木植素的女性，可預防乳癌、節腸癌有很大幫助。

蛋白質品質分數

胺基酸	實際比例/標準比例	分數
組胺酸	32.5/19	171%
異白胺酸	53.7/28	192%
白胺酸	71.3/66	108%
離胺酸	66/58	114%
甲硫胺酸＋胱胺酸	29.1/25	116%
苯丙胺酸＋酪胺酸	96/63	152%
酥胺酸	37.3/34	110%
色胺酸	11.7/11	106%
纈胺酸	58.1/35	166%

營養成分分析表

熱量	349仟卡	維他命A	284IU	鈣	460毫克
蛋白質	11.4公克	維他命B_1	0.364毫克	銅	0.478毫克
碳水化合物	73.1公克	維他命B_2	0.532毫克	鐵	4.04毫克
脂肪（總）	1.37公克	菸鹼酸	5.04毫克	鎂	187毫克
飽和脂肪酸	0.345公克	維他命B_6	0.233毫克	錳	2.06毫克
單元不飽和脂肪酸	0.122公克	維他命B_{12}	0微毫克	磷	184毫克
多元不飽和脂肪酸	0.58公克	葉酸	458微毫克	鉀	1505毫克
次亞麻油酸	0.244公克	泛酸	0.554毫克	硒	67.6微毫克
亞麻油酸	0.334公克	維他命C	7.92毫克	鈉	14.4毫克
膽固醇	0毫克	維他命D	0微毫克	鋅	3.71毫克
纖維	26.6公克	維他命E	0.36毫克	水	272公克

紅綠米豆

蛋白質品質分數

胺基酸	實際比例/標準比例	分數
組胺酸	31.5/19	166%
異白胺酸	53.7/28	192%
白胺酸	71.4/66	108%
離胺酸	64.5/58	111%
甲硫胺酸＋胱胺酸	28.2/25	113%
苯丙胺酸＋酪胺酸	93.4/63	148%
酥胺酸	37.9/34	111%
色胺酸	11.7/11	106%
纈胺酸	57.4/35	164%

營養成分分析表

熱量	1125仟卡	維他命A	1716IU	鈣	1432毫克
蛋白質	37.7公克	維他命B1	1.18毫克	銅	1.59毫克
碳水化合物	234公克	維他命B2	1.7毫克	鐵	13.5毫克
脂肪（總）	5.23公克	菸鹼酸	15.9毫克	鎂	589毫克
飽和脂肪酸	1.2公克	維他命B6	0.872毫克	錳	6.53毫克
單元不飽和脂肪酸	0.593公克	維他命B12	0微毫克	磷	621毫克
多元不飽和脂肪酸	2.34公克	葉酸	1433微毫克	鉀	4866毫克
次亞麻油酸	0.8公克	泛酸	1.85毫克	硒	204微毫克
亞麻油酸	1.53公克	維他命C	59.1毫克	鈉	623毫克
膽固醇	0毫克	維他命D	0微毫克	鋅	12毫克
纖維	83.6公克	維他命E	1.43毫克	水	928公克

1.米豆 300g ——❶泡水6小時，發芽1天 → 以420c.c.水煮熟

2.有機甜菜根 20g
有機紅蘿蔔 30g
有機青蔥 30g
有機洋蔥 30g
有機辣椒 10g
——❷切丁混合

3.米醬 15g
有機香料：五行調味粉 30g
有機亞麻油 40g
——❸調味倒入❶、❷的混合物中拌勻

這是一道口味較重的食譜，可夾入麵包、饅頭，或撒於稀飯上做調味。請讀者注意：健康調味即使口味較重，仍採蔥、蒜、辣椒及一些草本植物為主調味。

❶

❷

❸

山中珍饌

材料

有機白菜菜心

人參草

紅鳳尾藻

有機香料

有機杏仁果

有機褐芝麻

有機鮮奶

有機南瓜子

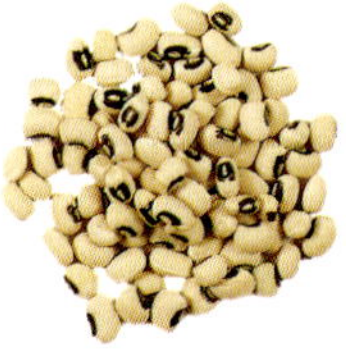

米豆

有機蜂蜜

蛋白質品質分數

胺基酸	實際比例/標準比例	分數
組胺酸	28/19	147%
異白胺酸	50/28	178%
白胺酸	81.9/66	124%
離胺酸	56.7/58	98%
甲硫胺酸＋胱胺酸	34.4/25	138%
苯丙胺酸＋酪胺酸	91.9/63	146%
酥胺酸	38.9/34	114%
色胺酸	16.8/11	153%
纈胺酸	62.8/35	179%

營養成分分析表

熱量	745仟卡	維他命A	172IU	鈣	606毫克
蛋白質	25.4公克	維他命B1	0.37毫克	銅	1.39毫克
碳水化合物	79.4公克	維他命B2	0.783毫克	鐵	6.49毫克
脂肪（總）	40.7公克	菸鹼酸	3.57毫克	鎂	347毫克
飽和脂肪酸	7.65公克	維他命B6	0.336毫克	錳	2毫克
單元不飽和脂肪酸	20公克	維他命B12	0.552微毫克	磷	534毫克
多元不飽和脂肪酸	11.1公克	葉酸	195微毫克	鉀	1331毫克
次亞麻油酸	0.374公克	泛酸	0.957毫克	硒	21.8微毫克
亞麻油酸	10.7公克	維他命C	11.6毫克	鈉	140毫克
膽固醇	21毫克	維他命D	1.55微毫克	鋅	7.64毫克
纖維	24.9公克	維他命E	3.26毫克	水	237公克

步驟

材料	份量	處理	步驟
1.米豆	60g	泡水5小時，發芽2天	❶分開泡水
南瓜子	35g	泡水6小時	❶分開泡水
有機杏仁果	40g	泡水1天	❶分開泡水
有機褐芝麻	15g	泡水6小時	❶分開泡水
2.有機鮮奶	150c.c.		❷將❶加入鮮奶、蜂蜜，以萬能調理機濕杯高速打5分鐘成泥狀
有機蜂蜜	20g		❷將❶加入鮮奶、蜂蜜，以萬能調理機濕杯高速打5分鐘成泥狀
3.紅鳳尾藻	15g	❸洗淨備用	❹紅鳳尾藻、人參草、香料全部拌在一起
人參草	20g		❹紅鳳尾藻、人參草、香料全部拌在一起
4.有機香料	5g		❹紅鳳尾藻、人參草、香料全部拌在一起
5.有機白菜菜心	20g	綴飾	

食用時全攪拌在一起。紅鳳尾藻是極佳的鹼性食品，含豐富微量元素。人參草是能量最高的野菜，俗稱假人參，加上米豆、堅果醬，是很好的生機食譜。

1

2

3

4

米豆石紫菜卷

材料

石紫菜

有機菠菜

有機玉米筍

小麥胚芽

有機糙米雪花片

苜蓿芽

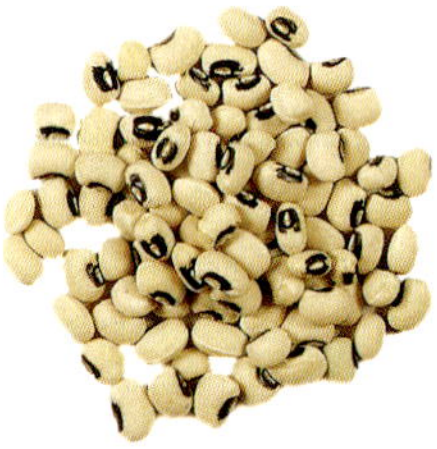

有機米豆

未漂白冰糖

蛋白質品質分數

胺基酸	實際比例/標準比例	分數
組胺酸	31.4/19	165%
異白胺酸	52/28	186%
白胺酸	72/66	109%
離胺酸	64.6/58	111%
甲硫胺酸＋胱胺酸	29.6/25	118%
苯丙胺酸＋酪胺酸	92.8/63	147%
酥胺酸	37.6/34	111%
色胺酸	11.7/11	106%
纈胺酸	57.5/35	164%

營養成分分析表

熱量	1342仟卡	維他命A	1060IU	鈣	1428毫克
蛋白質	39.3公克	維他命B_1	1.4毫克	銅	1.63毫克
碳水化合物	287公克	維他命B_2	1.75毫克	鐵	14.1毫克
脂肪（總）	5.79公克	菸鹼酸	17.1毫克	鎂	637毫克
飽和脂肪酸	1.33公克	維他命B_6	0.977毫克	錳	8.24毫克
單元不飽和脂肪酸	0.688公克	維他命B_{12}	0微毫克	磷	712毫克
多元不飽和脂肪酸	2.64公克	葉酸	1484微毫克	鉀	4869毫克
次亞麻油酸	0.865公克	泛酸	2.31毫克	硒	211微毫克
亞麻油酸	1.77公克	維他命C	34.4毫克	鈉	84.6毫克
膽固醇	0毫克	維他命D	0微毫克	鋅	13毫克
纖維	83.2公克	維他命E	3.96毫克	水	873公克

步驟

材料	份量	步驟
1.有機米豆	300g	❶泡水1天後，以550c.c.水煮熟 → ❷以萬能調理機濕杯10速打成泥狀
2.未漂白冰糖	50g	以萬能調理機乾杯高速打1.5分鐘成粉狀 → ❸混入冰糖粉共同打成泥狀
3.有機玉米筍	20g	❹燙熟瀝乾備用
有機菠菜	30g	
4.石紫菜	1張	
苜蓿芽	10g	
5.小麥胚芽	10g	撒在❺上
有機糙米雪花片	5g	

❺石紫菜舖在竹簾上，裹上米豆，再放上苜蓿芽、菠菜、玉米筍捲好

這是一道方便又受歡迎的手捲，內容所包可自行變化。石紫菜是完整一朵朵的海菜，故較易破損，中間亦有許多空隙，使用時雖較不方便，但較健康。

1

2

3

4

5

紅綠扁豆

紅扁豆泡水三階段

綠扁豆泡水三階段

是豆科植物中莢豆的一種，人類在銅器時代就已開始種植這種作物，扁豆的蛋白質含量與許多其他肉類含量差不多，但它的脂肪卻很低。扁豆原產於西亞和東地中海一帶，是人類很早就已開始種植的植物。事實上，它的種類很多，有紅扁豆、綠扁豆，又有大小之分，及法國綠扁豆和黑扁豆等，因外形有不同品種而產生這些分別。扁豆是所有豆類中難得適合生機飲食的豆類，在舊約聖經中提及依桑曾爲了一碗扁豆湯而將長子的權利讓給弟弟。

扁豆和其他豆莢食物一樣，可溶性和非可溶性的纖維都非常的多，而熱量脂肪卻很低。扁豆有很多植酸成分，可防止細胞產生癌病變。

在動物實驗中，給老鼠吃高脂肪的食物，再注射致癌物引起乳房和節腸癌的病變，然後再服用極高的鈣、鐵，結果腫瘤變得更大，然而，若於飲食中加入植酸，則癌症的機率便可大大的降低。扁豆可綜合體內引起肌肉酸性、强化心臟的功效。扁豆除了生食外，可以和其他蔬菜穀物一起煮成湯，常喝扁豆湯可以補充人體所需的礦物質。

扁豆還可强化體內的內分泌腺和血液的機能，它是素食者極佳的營養品，可防止中老年人骨質疏鬆。也含有大量控制細胞生長的葉酸，有助於胎兒發育。

有些報導指出扁豆也是長壽的養生秘訣之一。中醫説扁豆「味甘性平，入脾味津，補五臟」。滇南本草中說「治脾胃虛弱，反胃冷吐，久瀉不治」。扁豆湯甘溫補脾、而不滋膩，芳香化溼而不燥，中醫上屬消暑化溼、補脾止瀉的聖品，且有解毒作用。

扁豆很多用作生食，一般豆類，讀者不習慣生食，但可用紅扁豆開始。可將紅扁豆泡水發芽，也可放入冰箱中發芽半天～一天（一般發芽不適合放入冰箱，但扁豆可以）。再撒在沙拉上，不但色澤美麗麗，而且口感很好，脆脆的，綠扁豆外面有帶殼，拿去發芽2～3天後會發現芽長得非常高（比紅扁豆長）。綠扁豆發了芽，可直接加入精力湯中打，成爲很好的扁豆精力湯。但若讀者認爲實在不習慣，就煮吧！

生吃扁豆時，脂肪低，故不妨買些有檸檬香、蒜味等的有機橄欖油，加上一些有機白酒醋、葡萄醋、紅酒醋，再加上天然蔬菜調味料和苜蓿芽、各式扁豆類做成的沙拉，這是一道很好的生機飲食。也可加些有機麵醬，如幼蘑菇、巴西利、大蒜等有機麵醬，喜歡甜食的也可以用有機果醬，喜歡葷食也可以將扁豆和各式肉類一起煮，但扁豆的蛋白質很高，再和肉類一起煮，在營養搭配上似乎不甚理想（蛋白質太高了！）。

扁豆可用於控制糖尿病及抑制腸胃癌病變的發生。

蛋白質品質分數

胺基酸	實際比例/標準比例	分數
組胺酸	28.1/19	148%
異白胺酸	43/28	153%
白胺酸	72.2/66	109%
離胺酸	69.6/58	120%
甲硫胺酸＋胱胺酸	21.6/25	86%
苯丙胺酸＋酪胺酸	75.7/63	120%
酥胺酸	35.9/34	106%
色胺酸	8.93/11	81%
纈胺酸	49.4/35	141%

營養成分分析表

熱量	338仟卡	維他命A	4IU	鈣	51毫克
蛋白質	28.1公克	維他命 B_1	0.475毫克	銅	0.854毫克
碳水化合物	56.8公克	維他命 B_2	0.245毫克	鐵	9.01毫克
脂肪（總）	0.958公克	菸鹼酸	2.62毫克	鎂	107毫克
飽和脂肪酸	0.135公克	維他命 B_6	0.536毫克	錳	1.43毫克
單元不飽和脂肪酸	0.163公克	維他命 B_{12}	0微毫克	磷	454毫克
多元不飽和脂肪酸	0.447公克	葉酸	432微毫克	鉀	905毫克
次亞麻油酸	0.096公克	泛酸	1.85毫克	硒	10.9微毫克
亞麻油酸	0.351公克	維他命C	6.2毫克	鈉	10毫克
膽固醇	0毫克	維他命D	0微毫克	鋅	3.61毫克
纖維	12公克	維他命E	0.3毫克	水	11.2公克

牛蒡涼拌扁豆

有機牛蒡

有機綠扁豆

有機紫蘇菜

有機薑

檸檬酸

蛋白質品質分數

胺基酸	實際比例/標準比例	分數
組胺酸	24.5/19	129%
異白胺酸	34.2/28	122%
白胺酸	53.1/66	80%
離胺酸	58/58	100%
甲硫胺酸＋胱胺酸	16.8/25	67%
苯丙胺酸＋酪胺酸	58.5/63	93%
酥胺酸	28.6/34	84%
色胺酸	7.11/11	65%
纈胺酸	39.9/35	114%

營養成分分析表

熱量	401仟卡	維他命A	1.2IU	鈣	165毫克
蛋白質	14.4公克	維他命 B_1	0.193毫克	銅	0.799毫克
碳水化合物	93.2公克	維他命 B_2	0.184毫克	鐵	6.72毫克
脂肪（總）	1.32公克	菸鹼酸	2.25毫克	鎂	182毫克
飽和脂肪酸	0.2公克	維他命 B_6	1.01毫克	錳	1.33毫克
單元不飽和脂肪酸	0.172公克	維他命 B_{12}	0微毫克	磷	329毫克
多元不飽和脂肪酸	0.257公克	葉酸	207微毫克	鉀	1729毫克
次亞麻油酸	0.055公克	泛酸	1.68毫克	硒	4.17微毫克
亞麻油酸	0.202公克	維他命C	14.9毫克	鈉	30.4毫克
膽固醇	0毫克	維他命D	0微毫克	鋅	2.58毫克
纖維	11.1公克	維他命E	0.09毫克	水	499公克

1.有機牛蒡　300g
　有機薑　80g
　有機綠扁豆　30g
2.有機紫蘇菜　20g
3.檸檬酸　200g

❶ 切絲，泡水8小時（有機牛蒡）
切絲，泡水3小時（有機薑）
❷ 泡水6小時，發芽2天（有機綠扁豆）
❸ 切絲（有機紫蘇菜）
❹ 混合，拌入檸檬酸

豆類中以綠扁豆、紅扁豆生食接受性最高，讀者們可以由此開始練習豆類生食。綠扁豆非常容易發芽，只要泡完水，就算放入冰箱都能順利發芽的。

綠扁豆堅果醬

有機亞麻油

苜蓿芽

黑麥麵包

有機杏仁果

巴西胡桃

生芝麻

有機綠扁豆

南瓜子

有機葡萄乾

蛋白質品質分數

胺基酸	實際比例/標準比例	分數
組胺酸	27.4/19	144%
異白胺酸	42.8/28	153%
白胺酸	73.1/66	111%
離胺酸	56.9/58	98%
甲硫胺酸＋胱胺酸	29.2/25	117%
苯丙胺酸＋酪胺酸	79.4/63	126%
酥胺酸	35.8/34	105%
色胺酸	12.4/11	113%
纈胺酸	52.2/35	149%

營養成分分析表

熱量	918仟卡	維他命A	8.99IU	鈣	357毫克
蛋白質	40.6公克	維他命B_{1}	1.01毫克	銅	2.24毫克
碳水化合物	109公克	維他命B_{2}	0.636毫克	鐵	13.9毫克
脂肪（總）	40.4公克	菸鹼酸	6.02毫克	鎂	322毫克
飽和脂肪酸	4.66公克	維他命B_{6}	0.746毫克	錳	3.58毫克
單元不飽和脂肪酸	21公克	維他命B_{12}	0微毫克	磷	759毫克
多元不飽和脂肪酸	12.5公克	葉酸	419微毫克	鉀	1467毫克
次亞麻油酸	0.431公克	泛酸	2.22毫克	硒	33.5微毫克
亞麻油酸	12公克	維他命C	7.02毫克	鈉	349毫克
膽固醇	0毫克	維他命D	0.036微毫克	鋅	8.9毫克
纖維	26.8公克	維他命E	2.74毫克	水	43.5公克

1. 有機綠扁豆 80g
   巴西胡桃 20g
   生芝麻 20g
   南瓜子 20g
   有機杏仁果 20g
   有機葡萄乾 20g
   → ❶泡水5小時 → ❷以萬能調理機濕杯9速打3分鐘成泥狀
2. 有機亞麻油 15c.c. → ❸加在豆泥中繼續打
3. 黑麥麵包 50g
   苜蓿芽 10g
   → 塗在麵包上，加苜蓿芽，即可食用

自製果醬可用於許多塗料上，如饅頭、春捲皮等等，絕對比現成果醬好。但量不要做多，可常變化。

蒸瓜種子盅

有機南瓜

有機蜂蜜

有機小麥

紅棗

白木耳

有機綠扁豆

枸杞子

蛋白質品質分數

胺基酸	實際比例/標準比例	分數
組胺酸	22.3/19	117%
異白胺酸	35/28	125%
白胺酸	62.4/66	94%
離胺酸	49.5/58	85%
甲硫胺酸＋胱胺酸	35.6/25	143%
苯丙胺酸＋酪胺酸	75.1/63	119%
酥胺酸	31.4/34	92%
色胺酸	10.2/11	92%
纈胺酸	41.7/35	119%

營養成分分析表

熱量	367仟卡	維他命A	544IU	鈣	107毫克
蛋白質	14.4公克	維他命 B_1	0.482毫克	銅	0.993毫克
碳水化合物	84.8公克	維他命 B_2	0.631毫克	鐵	6.27毫克
脂肪（總）	1.54公克	菸鹼酸	6.72毫克	鎂	132毫克
飽和脂肪酸	0.397公克	維他命 B_6	0.509毫克	錳	2.73毫克
單元不飽和脂肪酸	0.221公克	維他命 B_{12}	0微毫克	磷	397毫克
多元不飽和脂肪酸	0.469公克	葉酸	109微毫克	鉀	1683毫克
次亞麻油酸	0.039公克	泛酸	2.42毫克	硒	36.3微毫克
亞麻油酸	0.423公克	維他命C	30.9毫克	鈉	12毫克
膽固醇	0毫克	維他命D	0微毫克	鋅	3.32毫克
纖維	18.5公克	維他命E	4.16毫克	水	529公克

1.有機綠扁豆 40g —— 泡水1天
  有機小麥 50g —— 泡水3天
2.紅棗 20g
  枸杞子 15g
  白木耳 25g —— 泡水4小時
3.有機南瓜 500g —— ❷ 南瓜須挖去內部種子

❶ 分別泡水

有機蜂蜜 20c.c. —— ❸ 放入所有材料及蜂蜜

此道菜因南瓜本身屬甜性，讀者們可不加蜂蜜，更可吃出原味。

全營養三豆蒸蛋

有機黑豆

有機豌豆

有機紅扁豆

有機鷄蛋

無防腐劑起司

天然蔬菜調味料G9

蛋白質品質分數

胺基酸	實際比例/標準比例	分數
組胺酸	25.7/19	135%
異白胺酸	49.7/28	177%
白胺酸	82.9/66	126%
離胺酸	71.4/58	123%
甲硫胺酸＋胱胺酸	42.9/25	171%
苯丙胺酸＋酪胺酸	88.6/63	141%
酥胺酸	44.8/34	132%
色胺酸	11/11	100%
纈胺酸	56.6/35	162%

營養成分分析表

熱量	1061仟卡	維他命A	720IU	鈣	306毫克
蛋白質	83.7公克	維他命B_1	1.25毫克	銅	1毫克
碳水化合物	98.6公克	維他命B_2	2.18毫克	鐵	14.2毫克
脂肪（總）	37.9公克	菸鹼酸	3.76毫克	鎂	288毫克
飽和脂肪酸	11.8公克	維他命B_6	0.939毫克	錳	1.97毫克
單元不飽和脂肪酸	13.8公克	維他命B_{12}	3.75微毫克	磷	1264毫克
多元不飽和脂肪酸	5.75公克	葉酸	713微毫克	鉀	1861毫克
次亞麻油酸	0.631公克	泛酸	5.63毫克	硒	116微毫克
亞麻油酸	5.11公克	維他命C	33.9毫克	鈉	596毫克
膽固醇	1487毫克	維他命D	4.55微毫克	鋅	9.01毫克
纖維	22.8公克	維他命E	3.64毫克	水	576公克

1.有機紅扁豆 60g
有機黑豆 60g
有機豌豆 60g
2.有機鷄蛋 7顆
3.天然蔬菜調味料G9
低鈉鹽 少許
4.無防腐劑起司 35g

❶泡水6小時，發芽2天

❷蛋加水打散再過濾

❸混合❶、❷，再加入調味粉

❹將❸入模，再倒入起司蒸40分鐘（用微小火蒸，不可開大火，會脹起，產生小泡泡）

此作品可用於喜慶宴會上，營養極豐富。
紅扁豆、黑豆、豌豆三者配在一起，色澤特異，極受歡迎。

柚香紅扁豆凍

材料

有機蜜紅葡萄

有機葡萄柚

有機紅扁豆

麒麟菜果凍粉

有機小麥胚芽

蛋白質品質分數

胺基酸	實際比例/標準比例	分數
組胺酸	25.9/19	136%
異白胺酸	35.3/28	126%
白胺酸	60.2/66	91%
離胺酸	58.8/58	101%
甲硫胺酸＋胱胺酸	23.6/25	94%
苯丙胺酸＋酪胺酸	64.9/63	103%
酥胺酸	33/34	97%
色胺酸	8.57/11	78%
纈胺酸	43.6/35	125%

營養成分分析表

熱量	553仟卡	維他命A	148IU	鈣	161毫克
蛋白質	21.2公克	維他命B_1	0.823毫克	銅	0.995毫克
碳水化合物	122公克	維他命B_2	0.43毫克	鐵	8.08毫克
脂肪（總）	3.42公克	菸鹼酸	3.7毫克	鎂	193毫克
飽和脂肪酸	0.781公克	維他命B_6	0.907毫克	錳	2.58毫克
單元不飽和脂肪酸	0.342公克	維他命B_{12}	0微毫克	磷	392毫克
多元不飽和脂肪酸	1.37公克	葉酸	360微毫克	鉀	1720毫克
次亞麻油酸	0.248公克	泛酸	2.85毫克	硒	40.9微毫克
亞麻油酸	1.12公克	維他命C	218毫克	鈉	19.4毫克
膽固醇	0毫克	維他命D	0微毫克	鋅	3.97毫克
纖維	18.1公克	維他命E	5.41毫克	水	658公克

步驟

1.有機紅扁豆 50g —— ❶泡水5小時，發芽1天 → ❷以萬能調理機濕杯8速打30秒成泥狀

2.有機葡萄柚 2顆 —— ❸切半，取出果肉，果皮備用

有機蜜紅葡萄 250g —— ❹去皮紅葡萄及葡萄柚果肉備妥

3.麒麟菜果凍粉 8g —— ❺以90℃以上的開水300c.c.拌勻到完全溶解

4.有機小麥胚芽 10g —— ❻將❷❹❺分別塞進柚皮放入冰箱即爲成品（表面撒上小麥胚芽E）

要確實使用有機食品，可先練習吃葡萄柚的白皮部分，或加些有機果醬共用，其實並不難吃！若能習慣時，可在一大口中加入一小粒丁狀果皮，您將會體會出特殊果香，進一步地便可體會到完整食物的高能量及原味之美。

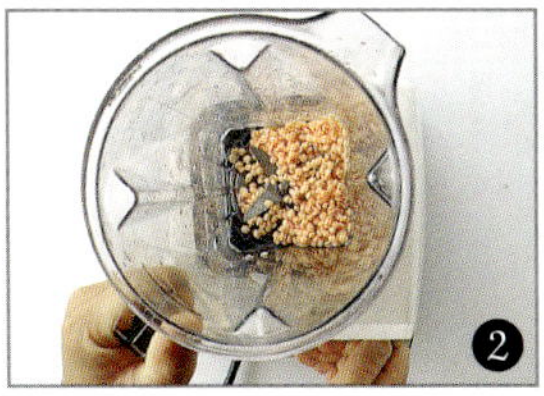

紅扁豆鄉村味

材料

有機南瓜子

天然小紅莓

有機鷄蛋

有機小麥

天然松子

有機桑莓果醬

有機紅扁豆

有機豌豆芽

自製優格

蛋白質品質分數

胺基酸	實際比例/標準比例	分數
組胺酸	25.3/19	133%
異白胺酸	46.2/28	165%
白胺酸	78.6/66	119%
離胺酸	63.6/58	110%
甲硫胺酸＋胱胺酸	35.8/25	143%
苯丙胺酸＋酪胺酸	84.3/63	134%
酥胺酸	38.2/34	112%
色胺酸	11.1/11	101%
纈胺酸	58.7/35	168%

營養成分分析表

熱量	892仟卡	維他命A	270IU	鈣	355毫克
蛋白質	52.7公克	維他命B_1	0.87毫克	銅	1.24毫克
碳水化合物	88.3公克	維他命B_2	1.12毫克	鐵	12.5毫克
脂肪（總）	42.6公克	菸鹼酸	5.2毫克	鎂	298毫克
飽和脂肪酸	11.3公克	維他命B_6	0.721毫克	錳	3.65毫克
單元不飽和脂肪酸	14.8公克	維他命B_{12}	1.69微毫克	磷	944毫克
多元不飽和脂肪酸	13公克	葉酸	340微毫克	鉀	1543毫克
次亞麻油酸	0.474公克	泛酸	3.57毫克	硒	50.6微毫克
亞麻油酸	12.4公克	維他命C	29.2毫克	鈉	235毫克
膽固醇	448毫克	維他命D	1.37微毫克	鋅	9.44毫克
纖維	23.7公克	維他命E	2.98毫克	水	341公克

步驟

材料	份量	步驟
1.有機小麥	50g	泡水6小時 → ❶分別發芽2天 → ❺全部拌在一起，淋上優格醬
有機紅扁豆	50g	泡水5小時 → ❶分別發芽2天 → ❺全部拌在一起，淋上優格醬
2.天然小紅莓	30g	❷分別泡水6小時 → ❺全部拌在一起，淋上優格醬
天然松子	40g	❷分別泡水6小時 → ❺全部拌在一起，淋上優格醬
有機南瓜子	25g	❷分別泡水6小時 → ❺全部拌在一起，淋上優格醬
有機豌豆芽	20g	
3.有機鷄蛋	2顆	❸水煮7分熟切片 → ❺全部拌在一起，淋上優格醬
4.有機桑莓果醬	40g	❹拌勻 → ❺全部拌在一起，淋上優格醬
自製優格	180c.c.	❹拌勻 → ❺全部拌在一起，淋上優格醬

本品在營養上屬完全蛋白，是極佳的五穀與豆的組合。對成長中的兒童、幼兒來說，是最好的補品。

埃及豆

泡水三階段

生長各階段

英文名稱爲Chick peas，有人翻譯爲鷄豆，另一個英文名字爲Garbanzo beans翻譯爲鷹嘴豆，這些都是指埃及豆。

是一年生，它顏色淡黃，亦有黑色。長於非洲、西班牙、印度。

本品可發芽，而且很容易成功，是豆類中，少有口感不錯、帶有堅果果實香味的豆芽。

本品的營養成分與牛奶非常近似，若打成豆奶吃，也是很受歡迎的，是可製作研磨成粉、也可煮燉或和各種蔬菜一起搭配烹調的多用途豆子。

蛋白質品質分數

胺基酸	實際比例/標準比例	分數
組胺酸	27.5/19	145%
異白胺酸	43/28	154%
白胺酸	71/66	108%
離胺酸	66.8/58	115%
甲硫胺酸＋胱胺酸	26.5/25	106%
苯丙胺酸＋酪胺酸	78.2/63	124%
酥胺酸	37/34	109%
色胺酸	9.59/11	87%
纈胺酸	42/35	120%

營養成分分析表

熱量	364仟卡	維他命A	7IU	鈣	105毫克
蛋白質	19.3公克	維他命B_1	0.477毫克	銅	0.845毫克
碳水化合物	60.5公克	維他命B_2	0.212毫克	鐵	6.25毫克
脂肪（總）	6.05公克	菸鹼酸	1.54毫克	鎂	115毫克
飽和脂肪酸	0.625公克	維他命B_6	0.535毫克	錳	2.21毫克
單元不飽和脂肪酸	1.36公克	維他命B_{12}	0微毫克	磷	366毫克
多元不飽和脂肪酸	2.7公克	葉酸	557微毫克	鉀	875毫克
次亞麻油酸	0.101公克	泛酸	1.59毫克	硒	9微毫克
亞麻油酸	2.59公克	維他命C	4毫克	鈉	24毫克
膽固醇	0毫克	維他命D	0微毫克	鋅	3.43毫克
纖維	19公克	維他命E	3毫克	水	11.5公克

埃及豆野菜沙拉

各種野菜

有機亞麻麥沙拉醬

有機柳丁

青堤子

有機埃及豆

有機黑糯米

蛋白質品質分數

胺基酸	實際比例/標準比例	分數
組胺酸	24.2/19	127%
異白胺酸	42.8/28	153%
白胺酸	65/66	99%
離胺酸	58.2/58	100%
甲硫胺酸＋胱胺酸	31/25	124%
苯丙胺酸＋酪胺酸	74.4/63	118%
酥胺酸	35/34	103%
色胺酸	9.64/11	88%
纈胺酸	46.6/35	133%

營養成分分析表

熱量	591仟卡	維他命A	449IU	鈣	326毫克
蛋白質	20.8公克	維他命B_1	0.711毫克	銅	0.857毫克
碳水化合物	122公克	維他命B_2	0.447毫克	鐵	7.18毫克
脂肪（總）	5.11公克	菸鹼酸	3.18毫克	鎂	132毫克
飽和脂肪酸	0.628公克	維他命B_6	0.702毫克	錳	3.39毫克
單元不飽和脂肪酸	1.04公克	維他命B_{12}	0微毫克	磷	330毫克
多元不飽和脂肪酸	2.19公克	葉酸	528微毫克	鉀	1667毫克
次亞麻油酸	0.318公克	泛酸	2.5毫克	硒	11.8微毫克
亞麻油酸	1.87公克	維他命C	201毫克	鈉	42毫克
膽固醇	0毫克	維他命D	0微毫克	鋅	3.6毫克
纖維	23.6公克	維他命E	3.98毫克	水	617公克

1. 有機埃及豆 60g
   有機黑糯米 45g
   青堤子 30g
   → ❶ 以萬能調理機乾杯高速打1.5分鐘成粉狀
2. 各種野菜 200g → ❷ 切碎絲
   有機柳丁 300g → ❸ 取出果肉
3. 有機亞麻麥沙拉醬 40g

❶❷❸ → 拌好，果肉舖邊，淋上沙拉，即爲成品

這是較高段的生機飲食，若讀者不習慣，可將打成粉狀的❶料與野菜加水蒸20分鐘，之後再淋上自製沙拉醬。

1

2

3

野菜埃及豆

材料

各種野菜

紅鳳尾藻

有機埃及豆

有機亞麻油

有機香料：鼠尾草

有機洋蔥

萬用蔬菜調味料G7

蛋白質品質分數

胺基酸	實際比例/標準比例	分數
組胺酸	26/19	137%
異白胺酸	43.2/28	154%
白胺酸	70.2/66	106%
離胺酸	64.3/58	111%
甲硫胺酸＋胱胺酸	26.7/25	107%
苯丙胺酸＋酪胺酸	76.9/63	122%
酥胺酸	37/34	109%
色胺酸	10/11	91%
纈胺酸	43.1/35	123%

營養成分分析表

熱量	508仟卡	維他命A	1016IU	鈣	341毫克
蛋白質	28.3公克	維他命B_1	0.7毫克	銅	1.28毫克
碳水化合物	87.7公克	維他命B_2	0.564毫克	鐵	13.8毫克
脂肪（總）	7.85公克	菸鹼酸	2.98毫克	鎂	335毫克
飽和脂肪酸	0.844公克	維他命B_6	0.987毫克	錳	4.45毫克
單元不飽和脂肪酸	1.66公克	維他命B_{12}	0微毫克	磷	524毫克
多元不飽和脂肪酸	3.48公克	葉酸	1019微毫克	鉀	2029毫克
次亞麻油酸	0.302公克	泛酸	2.33毫克	硒	13.3微毫克
亞麻油酸	3.15公克	維他命C	48.1毫克	鈉	158毫克
膽固醇	0毫克	維他命D	0微毫克	鋅	5.53毫克
纖維	27.6公克	維他命E	6.57毫克	水	170公克

步驟

1.有機埃及豆 120g —— ❶ 泡水發芽2天 → ❷ 加水500c.c.炒乾
2.有機香料：鼠尾草 5g
萬用蔬菜調味料G7 10g → ❷ 加水500c.c.炒乾
3.紅鳳尾藻 10g —— 以過濾水洗2次濾乾
各種野菜 150g → ❸ 切絲
4.有機亞麻油 30c.c. → ❹ 拌入 → ❸
有機洋蔥切圓形 20g → 拌勻後即爲成品

❷ 加水500c.c.炒乾 + ❸ 切絲 → 拌勻後即爲成品

紅鳳尾藻含礦物質高，鈣含量尤其多，是極佳的鹼性食品。埃及豆含的蛋白質中不缺離胺酸，很容易和其他五穀雜糧配合成完全蛋白。

❶

❷

❸

❹

腎豆

泡水三階段

是蝶形花科，一年生半蔓性的草本植物。

腎豆是墨西哥肉醬豆湯的主角，可口、纖維質含量高，除了蛋白質含量高外，其礦物質、維生素亦對人體有莫大的幫助。以研究纖維質聞名的肯塔基大學曾發現每天食用113gm即4盎斯的腎豆，會使膽固醇含量在200以上的人，降低20%的膽固醇，高纖維會使食物快速通過腸胃道，不但使通便順暢，防患結腸癌，並降低膽固醇，降低心臟血管疾病、糖尿病、中風的發生。

腎豆在台灣少見，外形像大花豆。因腎豆外形與腎臟相似，所以叫腎豆。若找不到腎豆，可以用花豆代替。

蛋白質品質分數

胺基酸	實際比例/標準比例	分數
組胺酸	27.6/19	145%
異白胺酸	44/28	157%
白胺酸	79.6/66	121%
離胺酸	68.5/58	118%
甲硫胺酸＋胱胺酸	25.8/25	103%
苯丙胺酸＋酪胺酸	82/63	130%
酥胺酸	41.8/34	123%
色胺酸	11.8/11	107%
纈胺酸	52.2/35	149%

營養成分分析表

熱量	337仟卡	維他命A	1IU	鈣	82.6毫克
蛋白質	22.6公克	維他命 B_1	0.609毫克	銅	0.701毫克
碳水化合物	60.9公克	維他命 B_2	0.215毫克	鐵	6.68毫克
脂肪（總）	1.06公克	菸鹼酸	2.11毫克	鎂	138毫克
飽和脂肪酸	0.154公克	維他命 B_6	0.397毫克	錳	1.11毫克
單元不飽和脂肪酸	0.082公克	維他命 B_{12}	0微毫克	磷	406毫克
多元不飽和脂肪酸	0.587公克	葉酸	394微毫克	鉀	1358毫克
次亞麻油酸	0.358公克	泛酸	0.783毫克	硒	7.28微毫克
亞麻油酸	0.228公克	維他命C	4.5毫克	鈉	12毫克
膽固醇	0毫克	維他命D	0微毫克	鋅	2.79毫克
纖維	21.7公克	維他命E	0.2毫克	水	11.8公克

腎豆五穀堅果餅

天然蔬菜調味料G1

有機葡萄乾

有機腎豆

無防腐劑天然起司

有機五穀飯

葵瓜子

天然葛根粉

苜蓿芽

南瓜子

蛋白質品質分數

胺基酸	實際比例/標準比例	分數
組胺酸	27.3/19	144%
異白胺酸	44.7/28	160%
白胺酸	79.7/66	121%
離胺酸	65.1/58	112%
甲硫胺酸＋胱胺酸	28.5/25	114%
苯丙胺酸＋酪胺酸	82.4/63	131%
酥胺酸	40.9/34	120%
色胺酸	12.1/11	110%
纈胺酸	53.6/35	153%

營養成分分析表

熱量	1545仟卡	維他命A	15IU	鈣	345毫克
蛋白質	89.3公克	維他命 B_1	2.57毫克	銅	2.97毫克
碳水化合物	266公克	維他命 B_2	0.899毫克	鐵	24.4毫克
脂肪（總）	18.8公克	菸鹼酸	10.8毫克	鎂	628毫克
飽和脂肪酸	2.77公克	維他命 B_6	1.71毫克	錳	5.84毫克
單元不飽和脂肪酸	3.77公克	維他命 B_{12}	0.253微毫克	磷	1650毫克
多元不飽和脂肪酸	10.7公克	葉酸	1270微毫克	鉀	4939毫克
次亞麻油酸	1.19公克	泛酸	4.58毫克	硒	68.1微毫克
亞麻油酸	9.47公克	維他命C	20.4毫克	鈉	212毫克
膽固醇	1.76毫克	維他命D	0.004微毫克	鋅	13.3毫克
纖維	82.4公克	維他命E	12.3毫克	水	121公克

1.有機腎豆 300g —— ❶泡水1天，發芽3天 ──► ❷加水50c.c.以萬能調理機以濕杯8速打30秒打成泥狀

2.有機五穀飯 250g —— ❸煮熟備用

3.南瓜子 20g
葵瓜子 20g
有機葡萄乾 20g
無防腐劑天然起司 40g
天然葛根粉 20g
天然蔬菜調味料G1 少許
—— 加水50c.c.

❹全拌在一起

❺乾煎5分鐘即成

4.苜蓿芽 30g —— 舖在飯餅上

葛根粉含有黏稠性，加入方能將本品做成餅狀。本品營養價值很高，不輸動物性產品的完全蛋白比例。

雙豆蔬香盤

材料

有機芹菜

有機亞麻油

有機腎豆

有機香菜

有機黃豆

蛋白質品質分數

胺基酸	實際比例/標準比例	分數
組胺酸	27/19	142%
異白胺酸	45.6/28	163%
白胺酸	79.5/66	121%
離胺酸	66.9/58	115%
甲硫胺酸＋胱胺酸	27.3/25	109%
苯丙胺酸＋酪胺酸	84.8/63	135%
酥胺酸	42.1/34	124%
色胺酸	13/11	118%
纈胺酸	50.6/35	145%

營養成分分析表

熱量	1035仟卡	維他命A	92.3IU	鈣	471毫克
蛋白質	78.2公克	維他命B_1	2.01毫克	銅	2.97毫克
碳水化合物	142公克	維他命B_2	1.31毫克	鐵	28.5毫克
脂肪（總）	22公克	菸鹼酸	5.76毫克	鎂	541毫克
飽和脂肪酸	3.21公克	維他命B_6	1.16毫克	錳	4.59毫克
單元不飽和脂肪酸	4.58公克	維他命B_{12}	0微毫克	磷	1455毫克
多元不飽和脂肪酸	12.5公克	葉酸	1099微毫克	鉀	4517毫克
次亞麻油酸	1.97公克	泛酸	2.33毫克	硒	19.7微毫克
亞麻油酸	10.4公克	維他命C	20.1毫克	鈉	66.8毫克
膽固醇	0毫克	維他命D	0微毫克	鋅	10.1毫克
纖維	55.9公克	維他命E	5.56毫克	水	95.5公克

步驟

1.有機腎豆 180g —— 泡水1天
有機黃豆 100g —— 泡水6小時
→ ❶分別發芽2天 → ❷水煮15分鐘

2.有機西洋芹菜 40g
有機香菜 30g
→ ❸芹菜切丁，香菜切碎 → ❺將所有香料等拌入❷內

3.有機亞麻油 30c.c.
鹽 少許
→ ❹與❸一同拌勻

大顆的豆子在台灣常見的有花豆、白鳳豆等，腎豆較不常見，但無妨，若是買不到，可用大花豆替代。豆類營養價值中的胺基酸評分比肉類爲佳，但食用時請適量。另，請務必先發芽，可去除普林成分，也沒有增加尿酸的困擾。

白鳳豆

泡水三階段

白鳳豆外形如刀，故又名刀豆。在台灣多係野生，栽培也很容易。栽種後，三月開花，五月結子。豆子本身沒有毒性，即使吃錯，或吃過量也沒有不良影響。

白鳳豆的蛋白質中，有一種很特殊的Con A物質，在防癌抗癌上有特殊功效。但此蛋白質（親醣蛋白質）遇熱會消失，而失去抗癌作用，所以要生吃才有效，煮熟之後，就大打折扣。此Con A物質也有降低血糖功用，有類似胰島素效應。（以上只做初步動物實驗，尚未做長時間詳細評估）。

只要是白鳳豆，不是用其他豆類取代，無論台灣種或外地種，效用都是一樣，與大小沒有關係。

依生化分析，白鳳豆含尿素、血球凝集素、刀豆胺酸，至於洋刀豆也含洋刀豆血球凝集素等多種球蛋白，確實有抑制癌症發展的效用。可能洋刀豆血球凝集素與細胞膜上的葡萄糖，或甘露糖樣的部分起作用，而正常細胞這個部位是被掩蓋的。因此白鳳豆抗癌奇妙之處在於只對癌細胞發生作用，而對正常細胞没有影響。

民間用法（包括原住民）：

1.做成白豆沙餡
2.製作羊羹
3.嫩豆加肉絲、草菇、木耳一起炒食
4.一次摘太多，則醃製當醬菜用
5.豆莢太老時，味道乾香，頗有咖啡風味

蛋白質品質分數

胺基酸	實際比例/標準比例	分數
組胺酸	27.8/19	146%
異白胺酸	44.1/28	157%
白胺酸	80/66	121%
離胺酸	68.7/58	118%
甲硫胺酸＋胱胺酸	25.9/25	104%
苯丙胺酸＋酪胺酸	82.2/63	130%
酥胺酸	42.1/34	124%
色胺酸	11.9/11	108%
纈胺酸	52.2/35	149%

營養成分分析表

熱量	336仟卡	維他命A	0IU	鈣	173毫克
蛋白質	21.1公克	維他命B_1	0.744毫克	銅	0.637毫克
碳水化合物	61.9公克	維他命B_2	0.207毫克	鐵	7.72毫克
脂肪（總）	1.18公克	菸鹼酸	1.34毫克	鎂	183毫克
飽和脂肪酸	0.304公克	維他命B_6	0.439毫克	錳	1.28毫克
單元不飽和脂肪酸	0.102公克	維他命B_{12}	0微毫克	磷	445毫克
多元不飽和脂肪酸	0.507公克	葉酸	386微毫克	鉀	1541毫克
次亞麻油酸	0.231公克	泛酸	0.73毫克	硒	5.26微毫克
亞麻油酸	0.276公克	維他命C	0毫克	鈉	12毫克
膽固醇	0毫克	維他命D	0微毫克	鋅	2.81毫克
纖維	18.9公克	維他命E	0.702毫克	水	11.7公克

亞麻

泡水三階段

可提供雙重抗癌效果，因爲Ω3可防止致癌的前列腺素作用，此外，Ω3的脂肪酸還能幫助高血脂的病人降低膽固醇和三酸甘油脂，預防心臟病的發生，對血小板凝結性的調節方面，它是天然的血液稀薄劑，可預防危險血塊的形成，降低心臟病的發作及中風機率，很多研究顯示Ω3的脂肪酸，可改變體內化學發展的趨勢，避免發炎性疾病的發作，例如牛皮癬、紅斑性狼瘡、關節炎。

Ω3的益處很多，但目前食物中含有Ω3的不多，而亞麻仁的Ω3含量算是在所有植物的比例中較多的，可是Ω3很容易被氧化，因此在吃亞麻仁時，若沒有研磨開來，是不消化的，會隨糞便排出，所以讀者取好能買台芝麻、亞麻研磨機，要吃時，再研磨，研磨後儘速食用，是最健康的吃法。食品業者發現亞麻油中的Ω3功效很大，所以皆作成冷壓的亞麻油，但缺乏三顆氫所以極度不穩定，非常容易氧化，這是各位讀者在用亞麻油時應注意的。亞麻油怕氧、怕光、怕熱，因此在買亞麻油時，最好注意①有效期限②黑瓶裝③放冰箱。最好放在冷凍庫中，亞麻油也不會凝結，因其極度不穩定。

亞麻油對人體健康很好，對有慢性疾病的病人尤其重要，因此讀者最好三餐中食用15c.c.以上，能用到30～45c.c.更好，但一定要注意其氧化的問題。

亞麻起源於印加，被稱爲穀物之母，未來的超級穀物——雖然它不是穀物，但亞麻籽總是被當作穀物來烹調，它的營養成分很高，比其它穀物豐富許多。

同時亞麻油酸還能延遲葡萄糖的吸收，緩和糖尿病的病情。它含各種必需胺基酸，非常完整。

亞麻籽中含的木植素能軟化糞便、預防便祕，使排便順暢。它的纖維質能使消化道避免被黏液阻塞，能清除黏液，維護黏膜及大腸健康，只要大腸是健康的，表示肝和血液也是健康的，肝、血液健康，才有健康的人生。

現在很多喜食生機的讀者都不喜在食物中加油，因油加熱對人體健康的破壞很大，因此很多重視健康的朋友都能用水炒菜、燙菜或僅以橄欖油拌入或根本不用。這作法並不完全正確，因爲雖防止油對體內的破壞，但Ω3、Ω6卻攝取不到，在健康上會有很大缺陷，讀者只要在三餐飲食中加入亞麻油，即可避免這種缺陷，這對健康很重要。

食用油及亞麻油如何正確使用，可參考作者所出錄影帶《食用油的正確選擇》中所教導，這對我們的健康很重要，請務必重視。

亞麻麥沙拉醬

材料

裸麥麵包

有機蘋果醋

有機亞麻油

未漂白冰糖

有機鷄蛋

有機小麥

有機紅扁豆

有機褐芝麻

蛋白質品質分數

胺基酸	實際比例/標準比例	分數
組胺酸	23.3/19	122%
異白胺酸	44/28	157%
白胺酸	75.2/66	114%
離胺酸	45.7/58	79%
甲硫胺酸＋胱胺酸	46.1/25	185%
苯丙胺酸＋酪胺酸	83.8/63	133%
酥胺酸	37.3/34	110%
色胺酸	12.3/11	112%
纈胺酸	51.3/35	147%

營養成分分析表

熱量	572仟卡	維他命A	115IU	鈣	131毫克
蛋白質	19.4公克	維他命B_1	0.498毫克	銅	0.56毫克
碳水化合物	103公克	維他命B_2	0.557毫克	鐵	4.8毫克
脂肪（總）	10.9公克	菸鹼酸	4.97毫克	鎂	109毫克
飽和脂肪酸	2.66公克	維他命B_6	0.321毫克	錳	2.57毫克
單元不飽和脂肪酸	4公克	維他命B_{12}	0.6微毫克	磷	354毫克
多元不飽和脂肪酸	2.64公克	葉酸	82.6微毫克	鉀	379毫克
次亞麻油酸	0.11公克	泛酸	1.48毫克	硒	61.4微毫克
亞麻油酸	2.52公克	維他命C	0.825毫克	鈉	408毫克
膽固醇	254毫克	維他命D	0.816微毫克	鋅	3.04毫克
纖維	10.1公克	維他命E	1.32毫克	水	75.9公克

步驟

材料	份量	步驟
1.有機紅扁豆	5g	泡水4小時 — ❶發芽1天
有機小麥	50g	泡水6小時 — ❷發芽4天
有機鷄蛋1個	60g	❸以萬能調理機乾杯高速打1分鐘成粉狀
未漂白冰糖	40g	
有機蘋果醋（亦可用G9低鈉調味粉，適合放入生菜中做沙拉）	2c.c.	❹以萬能調理機濕杯高速打3分鐘
2.有機亞麻油	235c.c.	❺一點一點慢慢加入，使其成糊狀
3.有機褐芝麻	5g	❻研磨置於沙拉醬上
4.裸麥麵包	50g	沙拉醬塗在麵包上，撒紅扁豆，即爲成品

亞麻油是必需脂肪酸，對人體十分重要，唯一缺點是易氧化，讀者做此道沙拉醬最好只做一餐份量，請勿隔餐食用。亞麻油請放冷藏庫保存較佳。

❶

❷

❸

❹

❺

❻

亞麻山藥糕

材料

有機山藥

有機糙米

胡椒粉

有機亞麻子

天然蔬菜調味料G9

蛋白質品質分數

胺基酸	實際比例/標準比例	分數
組胺酸	24.8/19	131%
異白胺酸	40.7/28	145%
白胺酸	79.1/66	120%
離胺酸	38.3/58	66%
甲硫胺酸＋胱胺酸	33.1/25	132%
苯丙胺酸＋酪胺酸	86/63	136%
酥胺酸	36.3/34	107%
色胺酸	11.8/11	107%
纈胺酸	55.2/35	158%

營養成分分析表

熱量	4630仟卡	維他命A	0IU	鈣	394毫克
蛋白質	88.4公克	維他命B_1	4.84毫克	銅	4.45毫克
碳水化合物	998公克	維他命B_2	1.19毫克	鐵	19.2毫克
脂肪（總）	28.1公克	菸鹼酸	51.9毫克	鎂	1520毫克
飽和脂肪酸	5.67公克	維他命B_6	7.81毫克	錳	38毫克
單元不飽和脂肪酸	9.6公克	維他命B_{12}	0微毫克	磷	3602毫克
多元不飽和脂肪酸	10.2公克	葉酸	433微毫克	鉀	10985毫克
次亞麻油酸	0.526公克	泛酸	16.9毫克	硒	349微毫克
亞麻油酸	9.7公克	維他命C	188毫克	鈉	162毫克
膽固醇	0毫克	維他命D	0微毫克	鋅	20.8毫克
纖維	63.4公克	維他命E	60.5毫克	水	859公克

步驟

1.有機山藥 1100g — ❶削皮 ❷刨絲

2.有機糙米 900g — ❸以萬能調理機乾杯高速打1.5分鐘

3.胡椒粉 3g
天然蔬菜調味料G9 5g
有機亞麻子 30g — ❹以芝麻研磨機磨成粉

❺加水1600c.c.調勻

❻將❷倒入鍋中 → ❼炒乾

❽入模型蒸1小時20分鐘，即爲成品

山藥曬乾即中藥常用的淮山，是具療效的食物。亞麻則除了含必需脂肪酸外，對整腸、便祕效果良好。選用紫色山藥，能使糕餅呈現紫色，令人賞心悅目。

亞麻芝麻花生醬

材料

花生

有機褐芝麻

有機亞麻子

甘草黑豆豉

大芹菜

蛋白質品質分數

胺基酸	實際比例/標準比例	分數
組胺酸	26.6/19	140%
異白胺酸	38.6/28	138%
白胺酸	69.9/66	106%
離胺酸	39.7/58	68%
甲硫胺酸＋胱胺酸	33/25	132%
苯丙胺酸＋酪胺酸	89.8/63	143%
酥胺酸	37.3/34	110%
色胺酸	13.7/11	125%
纈胺酸	47.6/35	136%

營養成分分析表

熱量	881仟卡	維他命A	20.5IU	鈣	624毫克
蛋白質	30.1公克	維他命B_1	0.993毫克	銅	2.76毫克
碳水化合物	38.6公克	維他命B_2	0.301毫克	鐵	11.3毫克
脂肪（總）	73.5公克	菸鹼酸	12.5毫克	鎂	339毫克
飽和脂肪酸	10.8公克	維他命B_6	0.769毫克	錳	3.19毫克
單元不飽和脂肪酸	30.2公克	維他命B_{12}	0微毫克	磷	655毫克
多元不飽和脂肪酸	29.1公克	葉酸	308微毫克	鉀	1288毫克
次亞麻油酸	0.302公克	泛酸	1.49毫克	硒	12.8微毫克
亞麻油酸	28.8公克	維他命C	10.5毫克	鈉	150毫克
膽固醇	0毫克	維他命D	0微毫克	鋅	5.92毫克
纖維	14.7公克	維他命E	6.91毫克	水	181公克

步驟

1.有機褐芝麻 50g、花生 60g → ❶ 烤7分鐘

2.甘草黑豆豉 70g、有機亞麻子 40g → ❷ 加水80c.c.混合，以萬能調理機濕杯高速打2分鐘成泥狀

3.大芹菜 150g → ❸ 切成7公分條狀

→ 舖盤即爲成品

此道淋醬頗受歡迎，可用在各種沙拉菜上，因有花生、甘草豆豉等具有特色的鹹、香口味，而亞麻、芝麻的營養國人多半較缺乏，可以常食用。

蔬蛋亞麻發糕

材料

有機鮮奶

有機紅花籽油

蜂蜜

有機亞麻子

有機莧籽

胡桃仁

蔬蛋

高粱

有機小麥

天然酵母粉

蛋白質品質分數

胺基酸	實際比例/標準比例	分數
組胺酸	25.3/19	133%
異白胺酸	46.7/28	167%
白胺酸	78.9/66	120%
離胺酸	50.3/58	87%
甲硫胺酸＋胱胺酸	38.8/25	155%
苯丙胺酸＋酪胺酸	85.3/63	135%
酥胺酸	36.4/34	107%
色胺酸	14.6/11	133%
纈胺酸	53.9/35	154%

營養成分分析表

熱量	885仟卡	維他命A	81.4IU	鈣	344毫克
蛋白質	20.9公克	維他命B_1	0.625毫克	銅	0.801毫克
碳水化合物	86公克	維他命B_2	0.55毫克	鐵	3.82毫克
脂肪（總）	55.4公克	菸鹼酸	4.45毫克	鎂	187毫克
飽和脂肪酸	9.46公克	維他命B_6	0.396毫克	錳	4.4毫克
單元不飽和脂肪酸	18.3公克	維他命B_{12}	0.892微毫克	磷	567毫克
多元不飽和脂肪酸	24.7公克	葉酸	56.1微毫克	鉀	793毫克
次亞麻油酸	0.451公克	泛酸	2.08毫克	硒	46.1微毫克
亞麻油酸	24.3公克	維他命C	3.52毫克	鈉	126毫克
膽固醇	34毫克	維他命D	2.5微毫克	鋅	4.84毫克
纖維	13.5公克	維他命E	10.6毫克	水	234公克

（本品蔬蛋與高粱未計算）

步驟

1.有機小麥	125g
有機亞麻子	10g
有機莧籽	5g
高粱	5g
2.蔬蛋	30g
天然酵母粉	30g
有機鮮奶	3g
胡桃仁	5g
3.蜂蜜	15c.c.
有機紅花籽油（可加可不加）	100g

❶以萬能調理機乾杯高速打1分鐘

❷混合打散至有小泡泡

❸以萬能調理機乾杯3速打20秒

❹全部混合後

❺加蜂蜜、紅花籽油，以打蛋器高速打7分鐘

❻倒入模型，撒一些亞麻籽粉，蒸30分鐘即爲成品

蔬蛋是以數10種蔬菜做出的，有蛋的效果的產品。在製作各種蛋類食譜時，尤其是宗教素食者，是最佳蛋的替代品。亞麻、莧仔均含有許多現代人類缺乏的營養素，如此做出的發糕，不含發粉、奶油、鹽、白糖、改良劑等，安全又健康。

芝麻

泡水三階段

芝麻是胡麻科，胡麻屬一年生的草本植物，稱胡乃因其是外來的，爲漢朝張騫從西域帶回來的種子，外表和中國有的大麻很像，所以叫胡麻。芝麻有黑、白、黃三種，一般藥用只用黑芝麻，其「性畏甘平無毒」有「益肝補腎、養血、潤燥」等功效。

芝麻成分很好，有不飽和脂肪酸及防止脂肪氧化的維他命E，可預防血管硬化。生芝麻經小火炒過、研磨成粉，吃起來很香，但要注意它很容易被氧化，所以吃芝麻粉最好吃現磨的，讀者可自行用研磨機研磨，吃多少磨多少，是最正確的用法。

一般而言芝麻的功效很多，中藥常將它和等量的何首烏久蒸後，和蜂蜜一起做成丸狀，可治療少年禿頭和白髮。另外可美容養顏、減肥、補血。芝麻是良質蛋白質，含鈣量特別高，其鈣質超過牛奶的二倍，尤其黑芝麻含量更高，白芝麻較清香。芝麻生吃是屬寒性，炒過後性變溫熱，炒焦則變極熱。黑芝麻能美容、美髮、黑髮、强筋、明目、整腸、通便等很多效果，是理想的植物油，麻油常當香油用，炒熟的芝麻性屬熱，所以不要常吃，但是產婦體寒，中國人習慣用麻油進補。芝麻不但含鈣量高、含鐵量也很高，所以可以補血。芝麻在中醫上是很好的補品。中醫說芝麻「味甘性平、入肺脾大腸筋、有潤腸通便、潤膚健脾的功效」。在中醫上入藥大部分採用黑芝麻，但前面提及的營養成分表所取的是褐芝麻，因爲外國大部分都採用褐芝麻，而中國則採黑芝麻，事實上黑芝麻的含鈣量更高，補血的功效更佳。

蛋白質品質分數

胺基酸	實際比例/標準比例	分數
組胺酸	29.5/19	155%
異白胺酸	43.1/28	154%
白胺酸	76.9/66	116%
離胺酸	32.1/58	55%
甲硫胺酸＋胱胺酸	53.3/25	213%
苯丙胺酸＋酪胺酸	94.9/63	151%
酥胺酸	41.6/34	122%
色胺酸	21.9/11	199%
纈胺酸	56.1/35	160%

營養成分分析表

熱量	573仟卡	維他命A	1IU	鈣	975毫克
蛋白質	17.7公克	維他命 B_1	0.792毫克	銅	4.08毫克
碳水化合物	23.5公克	維他命 B_2	0.247毫克	鐵	14.6毫克
脂肪（總）	49.7公克	菸鹼酸	4.52毫克	鎂	351毫克
飽和脂肪酸	6.94公克	維他命 B_6	0.792毫克	錳	2.46毫克
單元不飽和脂肪酸	18.8公克	維他命 B_{12}	0微毫克	磷	629毫克
多元不飽和脂肪酸	21.8公克	葉酸	96.5微毫克	鉀	468毫克
次亞麻油酸	0.376公克	泛酸	0.05毫克	硒	5.35微毫克
亞麻油酸	21.4公克	維他命C	0毫克	鈉	11毫克
膽固醇	0毫克	維他命D	0微毫克	鋅	7.78毫克
纖維	10.1公克	維他命E	2.27毫克	水	4.69公克

南瓜子

泡水三階段

屬葫蘆科、南瓜屬一年生的蔓性草本植物。

南瓜子是採南瓜成熟的種籽，加以加工、乾燥而成。等到南瓜完全成熟時，取其種籽乾燥之。

營養成分中有一個很特別的是含鋅量高，五穀中唯有芝麻的含鋅量可以和它媲美。鋅對男性攝護腺的腫瘤病變有治療效果，故鋅常被戲稱爲男人的礦物質，對治療陽痿早泄也有幫助。

南瓜子最好生食。泡水6小時，稍微發點芽也很好，也可做饅頭、包子。

常吃南瓜子可以治療攝護腺腫脹引起的尿失禁，改善尿或精液中的代謝、陽痿、早謝、厭尿症、尿無力，是男人活力的食物。南瓜子磨成粉和水一起服用可以清除體內的寄生蟲。也有冷壓成爲南瓜子油，其Ω3、Ω6的比例爲最標準的比例，成分雖沒有亞麻油Ω3的多，但Ω3和Ω6剛好是1:2，最適合人類攝取。南瓜子油是健康食品界人的最愛，但其價位高於一般冷壓的油，所以它在市面上不是很普及。

蛋白質品質分數

胺基酸	實際比例/標準比例	分數
組胺酸	27.7/19	146%
異白胺酸	51.3/28	183%
白胺酸	84.7/66	128%
離胺酸	74.6/58	129%
甲硫胺酸＋胱胺酸	34.7/25	139%
苯丙胺酸＋酪胺酸	91.2/63	145%
酥胺酸	36.9/34	108%
色胺酸	17.6/11	160%
纈胺酸	80.2/35	229%

營養成分分析表

熱量	541仟卡	維他命A	38IU	鈣	43毫克
蛋白質	24.6公克	維他命B_1	0.21毫克	銅	1.38毫克
碳水化合物	17.8公克	維他命B_2	0.32毫克	鐵	15毫克
脂肪（總）	45.9公克	菸鹼酸	1.75毫克	鎂	535毫克
飽和脂肪酸	8.7公克	維他命B_6	0.224毫克	錳	3.02毫克
單元不飽和脂肪酸	14.3公克	維他命B_{12}	0微毫克	磷	1172毫克
多元不飽和脂肪酸	20.9公克	葉酸	57.5微毫克	鉀	807毫克
次亞麻油酸	0.181公克	泛酸	0.339毫克	硒	7.39微毫克
亞麻油酸	20.7公克	維他命C	1.9毫克	鈉	18毫克
膽固醇	0毫克	維他命D	0微毫克	鋅	7.46毫克
纖維	13.8公克	維他命E	1毫克	水	6.92公克

葵瓜子

泡水三階段

各階段成長

爲菊科，向日葵屬，一年生或多年生的草本植物。原產於北美洲大陸，後漸傳入加拿大、南非、美國等世界各地。

向日葵花卉成熟時，花蕊中有許多葵瓜子，其頭狀花絮背面（花萼）由綠色轉爲黃色時可採收，其花期有一個月，摘下來的花可以炸油吃，向日葵脂肪很高，以多元不飽和脂肪酸最多，其中又以Ω 6最多，讀者如果要吃葵花油，請買小罐黑瓶裝的放在冷藏庫中保存，才是好的葵花油，因爲多元不飽和脂肪酸是很容易被氧化的。所以市面上賣的透明瓶裝的油，都是被氧化的油，這種油吃了對身體沒有功效，而且還有害處。營養成分表中可見，葵瓜子的維他命E、及B_1含量很高，是其它五穀都趕不上的。

向日葵的種籽常被當作零嘴來吃，除了炸油之外，油渣也常被用來養家禽，甚至可做成餅烤來吃。帶殼的向日葵籽也可以用來培養葵花苗，葵花苗營養高，而且其味道有特色，很多人都很喜歡。在芽菜中可加入一些葵花苗也很好吃。

蛋白質品質分數

胺基酸	實際比例/標準比例	分數
組胺酸	27.8/19	146%
異白胺酸	49.9/28	178%
白胺酸	72.8/66	110%
離胺酸	41/58	71%
甲硫胺酸＋胱胺酸	41.4/25	166%
苯丙胺酸＋酪胺酸	80.5/63	128%
酥胺酸	40.7/34	120%
色胺酸	15.2/11	138%
纈胺酸	57.9/35	165%

營養成分分析表

熱量	569仟卡	維他命A	5IU	鈣	116毫克
蛋白質	22.8公克	維他命B_1	2.29毫克	銅	1.75毫克
碳水化合物	18.8公克	維他命B_2	0.25毫克	鐵	6.78毫克
脂肪（總）	49.4公克	菸鹼酸	4.5毫克	鎂	353毫克
飽和脂肪酸	5.19公克	維他命B_6	0.769毫克	錳	2.02毫克
單元不飽和脂肪酸	9.47公克	維他命B_{12}	0微毫克	磷	703毫克
多元不飽和脂肪酸	32.8公克	葉酸	228微毫克	鉀	689毫克
次亞麻油酸	0.069公克	泛酸	6.75毫克	硒	71.7微毫克
亞麻油酸	32.5公克	維他命C	1.4毫克	鈉	3毫克
膽固醇	0毫克	維他命D	0微毫克	鋅	5.06毫克
纖維	6.81公克	維他命E	50.3毫克	水	5.36公克

核桃

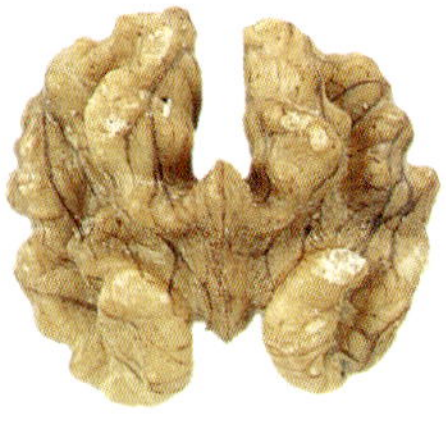

乾核桃

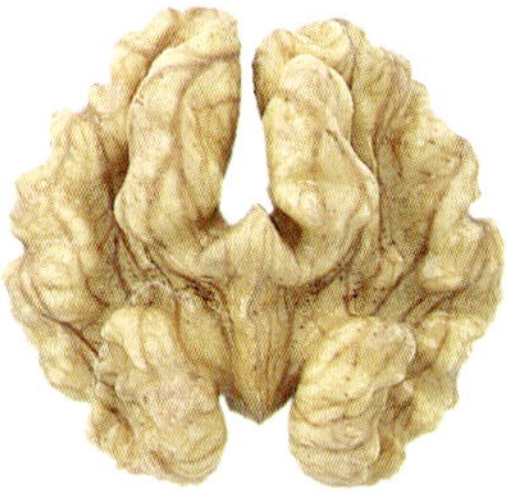

泡過水的核桃

原產於歐洲東部、亞洲西部，漢代張騫通使西域時帶回中國的核桃主要分布於北半球的溫帶地方。成熟以後外殼會裂開，中間果實會掉落。它的營養價值高，在洋人眼中是配酒的好材料，自古以來被認爲是强筋補身的食品。從營養成分表中可看出多元不飽和脂肪酸非常高，其中Ω6最多，Ω3也不少，所以含有很多的必需脂肪酸，因此對於油類運用不當的讀者而言，核桃是一種很好的補充。但多元不飽和脂肪酸很容易被破壞，因此核桃若一段時間没吃便會有油耗味，因多元不飽和脂肪酸被氧化了。因此買核桃最好買小包裝、脱氧包裝的。

中藥中，核桃是人體陽氣不足時的補藥，可當成强壯、强筋的東西，也具有補充腎機能、强化腰部的功效，對頻尿、尿路結石有治療效果。也是美容聖品，可使肌膚滑嫩，秀髮烏黑亮麗，有助於病後休養，被稱爲防止老化的維他命E，能將氧氣送到身體的各個角落，對手腳冰冷、低血壓皆有預防效果。核桃易破壞，所以買帶殼的最好，因爲它不見光、不見氧，所以可以存放很久。但其脂肪量很高，吃太多還是不適合的。

中醫說核桃「味甘、性溫」。

蛋白質品質分數

胺基酸	實際比例/標準比例	分數
組胺酸	25.2/19	133%
異白胺酸	39.5/28	141%
白胺酸	69.4/66	105%
離胺酸	27.2/58	47%
甲硫胺酸＋胱胺酸	43.7/25	175%
苯丙胺酸＋酪胺酸	74.6/63	118%
酥胺酸	31.4/34	92%
色胺酸	13.3/11	121%
纈胺酸	50.6/35	145%

營養成分分析表

熱量	642仟卡	維他命A	12.4IU	鈣	93.8毫克
蛋白質	14.3公克	維他命B_1	0.381毫克	銅	1.39毫克
碳水化合物	18.3公克	維他命B_2	0.148毫克	鐵	2.44毫克
脂肪（總）	61.7公克	菸鹼酸	1.04毫克	鎂	169毫克
飽和脂肪酸	5.57公克	維他命B_6	0.557毫克	錳	2.91毫克
單元不飽和脂肪酸	14.2公克	維他命B_{12}	0微毫克	磷	317毫克
多元不飽和脂肪酸	39.2公克	葉酸	66微毫克	鉀	501毫克
次亞麻油酸	6.81公克	泛酸	0.631毫克	硒	5.01微毫克
亞麻油酸	31.8公克	維他命C	3.2毫克	鈉	10毫克
膽固醇	0毫克	維他命D	0微毫克	鋅	2.73毫克
纖維	4.8公克	維他命E	2.62毫克	水	3.65公克

胡桃

乾胡桃　　泡過水的胡桃

　　是胡桃科的植物，胡桃的籽仁。中醫說其「性甘平溫」，《食療本草》說「其通筋脹、潤血脈、黑鬚髮」，《本草叢心》中提及「治陽痿、強陰的功效」。胡桃仁甘溫質潤，有補腎強腰的功效，對氣喘病亦有幫助。

　　胡桃中脂肪佔成分60%強，其中單元不飽和脂肪酸佔42gm，其功效類似橄欖油。但它所含單元、多元不飽和脂肪酸佔不少部分，所以和核桃一樣容易被破壞，最好也買帶殼的比較新鮮。其脂肪高，屬耐寒食品。中藥中用以補陽，爲疲勞時的補品，能治療失眠、神經衰弱，一般人認爲胡桃吃了會聰明，是補腦的食品。形狀外觀和人類的腦很像，中醫說以形補形，故以爲吃胡桃可補腦。它還可補腎強腰、治療膝蓋的疼痛，及頻尿、受寒、尿路結石等，對潤膚、黑髮、補肺的效用也很好，還可治療氣喘、慢性支氣管炎、便秘。

　　胡桃可生吃（先泡水24小時後再吃），亦可用作麵包、饅頭或糕餅、點心之餡料。

蛋白質品質分數

胺基酸	實際比例/標準比例	分數
組胺酸	29.1/19	153%
異白胺酸	41.4/28	148%
白胺酸	66.8/66	101%
離胺酸	37.7/58	65%
甲硫胺酸＋胱胺酸	50.9/25	204%
苯丙胺酸＋酪胺酸	89.5/63	142%
酥胺酸	32.7/34	96%
色胺酸	25.5/11	231%
纈胺酸	49.5/35	142%

營養成分分析表

熱量	667仟卡	維他命A	13IU	鈣	36毫克
蛋白質	7.76公克	維他命B_1	0.847毫克	銅	1.19毫克
碳水化合物	18.2公克	維他命B_2	0.127毫克	鐵	2.13毫克
脂肪（總）	67.7公克	菸鹼酸	0.885毫克	鎂	128毫克
飽和脂肪酸	5.43公克	維他命B_6	0.187毫克	錳	4.51毫克
單元不飽和脂肪酸	42公克	維他命B_{12}	0微毫克	磷	291毫克
多元不飽和脂肪酸	16.8公克	葉酸	39.2微毫克	鉀	392毫克
次亞麻油酸	0.677公克	泛酸	1.7毫克	硒	11.7微毫克
亞麻油酸	16公克	維他命C	2毫克	鈉	1毫克
膽固醇	0毫克	維他命D	0微毫克	鋅	5.47毫克
纖維	6.49公克	維他命E	3.1毫克	水	4.82公克

腰果

乾腰果

泡過水的腰果

屬漆樹科，腰果的外觀像腎臟腰子，所以叫腰果。市面上看到的腰果幾乎都是熟食，台灣很少看見生的腰果，市面上賣白色的或油炸過的黃色都是熟食的。所以食品業者很喜歡將腰果當作點綴，非常可口誘人。可直接吃，也可以配料。

腰果所含的維他命可預防動脈膽固醇的累積及幫助健康皮膚及毛髮、燃燒飽和脂肪酸、幫助減肥、鈣的吸收，治療心臟病，這是維他命F的效果。

腰果的單價較高，所以在使用時可以將之分一半，置於蛋糕上，比較節省。

蛋白質品質分數

胺基酸	實際比例/標準比例	分數
組胺酸	26/19	137%
異白胺酸	47.6/28	170%
白胺酸	83.3/66	126%
離胺酸	53.3/58	92%
甲硫胺酸＋胱胺酸	36.3/25	145%
苯丙胺酸＋酪胺酸	83.5/63	133%
酥胺酸	38.6/34	114%
色胺酸	15.5/11	141%
纈胺酸	67.6/35	193%

營養成分分析表

熱量	574仟卡	維他命A	0IU	鈣	45毫克
蛋白質	15.3公克	維他命B_1	0.2毫克	銅	2.22毫克
碳水化合物	32.7公克	維他命B_2	0.2毫克	鐵	6毫克
脂肪（總）	46.4公克	菸鹼酸	1.4毫克	鎂	260毫克
飽和脂肪酸	9.12公克	維他命B_6	0.256毫克	錳	0.825毫克
單元不飽和脂肪酸	27.3公克	維他命B_{12}	0微毫克	磷	490毫克
多元不飽和脂肪酸	7.81公克	葉酸	69.2微毫克	鉀	565毫克
次亞麻油酸	0.161公克	泛酸	1.22毫克	硒	23.4微毫克
亞麻油酸	7.66公克	維他命C	0毫克	鈉	16毫克
膽固醇	0毫克	維他命D	0微毫克	鋅	5.6毫克
纖維	6.9公克	維他命E	0.57毫克	水	1.7公克

松子

乾松子　　泡過水的松子

是松樹的種子，對素食、便秘的患者都有幫助。中醫說「能潤肺、治咳、潤腸、治虛病，滋五臟、潤皮膚、散水氣，有抗衰老的作用」。過去古人將松子視爲長壽的食物（因松柏長壽），芝麻、葵花子、松子是古人最佳認定的三大最佳種仁，可煮、可炒，可做點心，也可外出攜帶生食細嚼，味道甘甜可口，和葡萄乾混吃，味道尤其好。把松子做成各種麵包、饅頭的配料，在口感上是很受歡迎的。

蛋白質品質分數

胺基酸	實際比例/標準比例	分數
組胺酸	24/19	126%
異白胺酸	39/28	139%
白胺酸	72.1/66	109%
離胺酸	37.5/58	65%
甲硫胺酸＋胱胺酸	36/25	144%
苯丙胺酸＋酪胺酸	75/63	119%
酥胺酸	31.8/34	93%
色胺酸	12.6/11	115%
纈胺酸	51.8/35	148%

營養成分分析表

熱量	515仟卡	維他命A	3IU	鈣	26毫克
蛋白質	24公克	維他命B_1	0.811毫克	銅	1.02毫克
碳水化合物	14.2公克	維他命B_2	0.19毫克	鐵	9.21毫克
脂肪（總）	50.8公克	菸鹼酸	3.56毫克	鎂	233毫克
飽和脂肪酸	7.8公克	維他命B_6	0.109毫克	錳	4.3毫克
單元不飽和脂肪酸	19.1公克	維他命B_{12}	0微毫克	磷	508毫克
多元不飽和脂肪酸	21.4公克	葉酸	57.5微毫克	鉀	600毫克
次亞麻油酸	0.653公克	泛酸	0.208毫克	硒	0微毫克
亞麻油酸	20.7公克	維他命C	1.9毫克	鈉	4.02毫克
膽固醇	0毫克	維他命D	0微毫克	鋅	4.27毫克
纖維	4.59公克	維他命E	3.5毫克	水	6.69公克

杏仁

乾杏仁　　泡過水的杏仁

中醫是屬「甘、溫」「鎮咳、去痰、利尿、潤腸」，可磨粉做成杏仁茶、杏仁露、杏仁豆腐。

杏仁屬薔薇科，原產於地中海沿岸地區，現主要產於西班牙、美國加州、義大利等地。杏仁果分甜、苦杏仁兩種。苦杏仁大部分用作肥皂或油的製作上，甜杏仁則大部分用於食用、點心材料等。杏仁果具有化痰作用，可以緩解感冒時喉嚨中的痰。有人用杏仁油來緩解支氣管炎，也有用來外用止癢。芳香療法中也常以杏仁油做爲基礎油。

1951年美國加州的克萊斯醫師（Dr. Krebs）和他的兒子，將杏仁提煉出一種結晶物質叫〝pangamic acide〞這種物質在天然維生素B群中，以非常微量的形式存在，並且是第15種的維生素B，所以又命名爲維生素B_{15}，後來在其它種子，如米糠中也提煉出這種物質。根據動物實驗發現，B_{15}有驚人物質，它能夠爲身體的細胞及組織供應更多的氧氣，並增加血液中的氧。我們知道血液和細胞缺氧是退化性的疾病，也是未老先衰和死亡的主因，而B_{15}可以防止組織氧氣過少症，維他命B_{15}則可治療很多病，如剛提到的組織氧氣過少症、性無能、酒精中毒、智力遲頓，氣喘、關節炎、糖尿病、肝硬化、氣腫、心肺功能不足、乾草熱、動脈硬化症、心臟病、高血壓、早衰、孤獨癖、精神分裂症等。

新的癌症理論認爲癌細胞是缺氧造成的，而B_{15}即使不能治療癌症，也有預防的功效。世上最長壽的人是居住在喜馬拉雅山的Hunja人，其平均壽命爲90～100歲之間，男人100歲還在田間工作，女人60歲還在生孩子，他們長壽的原因很多，但很多人不知道他們的主食是杏仁，他們蛋白質的主要來源是杏仁。根據歷史記載，早在古希臘和羅馬時代，人類就已懂得用苦杏仁中，提煉出苦杏仁水劑來充當藥物。美國的Dr. Krebs和其兒子共同發現杏仁中除了含有B_{15}外，還有B_{17}。

過分的消耗蛋白質，尤其是動物性的蛋白質和癌症的生成有關。康乃爾大學的研究科學家維賽克博士（Dr. Visek）他認爲美國人高蛋白質的膳食和高癌症的發生有關。因爲肉類消化的副產品是阿摩尼亞，阿摩尼具有致癌性，若吃入太多的蛋白質，會使人體過度使用胰臟而造成慢性的酵素缺乏，無法完成正確的蛋白質代謝功能，而產生大量的阿摩尼亞氣，發展成爲癌症。根據Dr. Krebs父子的理論，認爲癌症是缺乏維他命B_{17}和消化蛋白質的胰酵素。大自然賦予胰臟抵抗癌症發生，若胰臟受傷或功能不正常，一旦吃入太多的動物蛋白質，就需要大量胰臟酵素來消化它，我們又還需要胰酵素來抵抗癌細胞時，它就會無能爲力。胰酵素可以溶解癌細胞的保護層，使白血球得以攻擊吞噬癌細胞，也利B_{17}及其他營養素攻擊癌細胞。癌細胞的保護層是一層很厚的蛋白質外膜，外膜上帶有陰電核，而白血球也帶有陰電核，同性相斥，使得白血球無法接近癌細胞，但胰酵素含有胰蛋白酵素（trypsin）及凝乳酪胰蛋白酵素（chymotrypsin），這兩種東西具有上述之溶解能力，根據說明可知爲什麼糖尿病患者比其他人得癌症的機會高出三倍。天然的食物中皆含有酵素，但食物加熱到53℃以上，酵素會被破壞，這就是爲什麼應當生食的道理，尤其是老年人，其胰臟功能特別衰弱。低蛋白的食物不會增加胰臟負擔，如鳳梨含有鳳梨酵素，木瓜含有木瓜酵素，都是很好的東西。約有1200種植物含有維他命B_{17}，其中杏仁含有大量B_{17}，故應多運用之，且杏仁對預防癌症有很大功效。

含有B_{17}的食物，例如蠶豆、發芽的蠶豆種子、綠豆芽、杏仁、苦杏仁、蘋果籽、櫻桃仁這些B_{17}含量爲0.5%。杏仁和苦杏仁高達2%，在漿果類方面有蕎麥、胡麻仁、小米、豇豆、綠豆、竹筍、昆士蘭果、黑野莓、雜交野莓、蔓越橘、接骨木漿果、促粒漿果、覆盆子、桑椹、山茶子、南瓜子，這些B_{17}含量都在0.1%～0.5%之間。

B_{15}在攝取時和高單位的多種維他命、礦物質，效果會更好，而且應多吃些營養品，如啤酒酵母、有機糖蜜、小麥胚芽、優酪（即酸奶）或海草灰、海帶、蜂蜜等，應少吃肉類或污染的精緻食品，應大量生食新鮮水果，對維他命B_{15}的攝取消化吸收有很大的幫助。

杏仁最好的食用方法是泡水後直接生吃或將之做成杏仁麵包、饅頭，或用萬能調理機將之打成汁做成杏仁醬塗麵包。

蛋白質品質分數

胺基酸	實際比例/標準比例	分數
組胺酸	27.9/19	147%
異白胺酸	43.3/28	155%
白胺酸	77.5/66	117%
離胺酸	33.3/58	57%
甲硫胺酸＋胱胺酸	29.2/25	117%
苯丙胺酸＋酪胺酸	90.8/63	144%
酥胺酸	37/34	109%
色胺酸	17.9/11	163%
纈胺酸	51.4/35	147%

營養成分分析表

熱量	589仟卡	維他命A	0IU	鈣	266毫克
蛋白質	20公克	維他命B_1	0.211毫克	銅	0.944毫克
碳水化合物	20.4公克	維他命B_2	0.782毫克	鐵	3.66毫克
脂肪（總）	52.2公克	菸鹼酸	3.36毫克	鎂	296毫克
飽和脂肪酸	4.95公克	維他命B_6	0.113毫克	錳	2.27毫克
單元不飽和脂肪酸	33.9公克	維他命B_{12}	0微毫克	磷	520毫克
多元不飽和脂肪酸	11公克	葉酸	58.7微毫克	鉀	732毫克
次亞麻油酸	0.374公克	泛酸	0.471毫克	硒	4.7微毫克
亞麻油酸	10.5公克	維他命C	0.6毫克	鈉	11毫克
膽固醇	0毫克	維他命D	0微毫克	鋅	2.92毫克
纖維	11.2公克	維他命E	5.55毫克	水	4.42公克

堅果高纖餅

材料

葡萄乾

胡桃仁

有機燕麥片

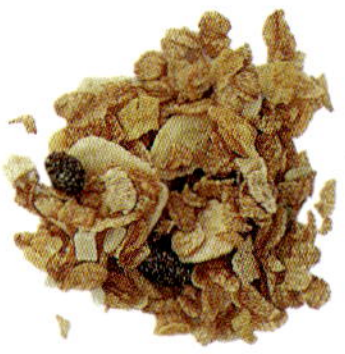
穀類脆片

南瓜子

有機葵瓜子

未漂白冰糖

肉桂粉

有機小米

枸杞

腰果

有機生芝麻

麥芽膏

蛋白質品質分數

胺基酸	實際比例/標準比例	分數
組胺酸	24.4/19	128%
異白胺酸	43.1/28	154%
白胺酸	87.2/66	132%
離胺酸	39.7/58	68%
甲硫胺酸＋胱胺酸	40.9/25	164%
苯丙胺酸＋酪胺酸	85.3/63	135%
酥胺酸	34.8/34	102%
色胺酸	14/11	127%
纈胺酸	57.4/35	164%

營養成分分析表

熱量	5448仟卡	維他命A	59.6IU	鈣	628毫克
蛋白質	150公克	維他命B_1	6.33毫克	銅	8.02毫克
碳水化合物	894公克	維他命B_2	1.91毫克	鐵	42毫克
脂肪（總）	158公克	菸鹼酸	20.8毫克	鎂	1798毫克
飽和脂肪酸	23.8公克	維他命B_6	2.52毫克	錳	24.6毫克
單元不飽和脂肪酸	68.9公克	維他命B_{12}	0微毫克	磷	4291毫克
多元不飽和脂肪酸	54.6公克	葉酸	549微毫克	鉀	4536毫克
次亞麻油酸	1.35公克	泛酸	13毫克	硒	200微毫克
亞麻油酸	53.1公克	維他命C	3.5毫克	鈉	390毫克
膽固醇	0毫克	維他命D	0微毫克	鋅	39.8毫克
纖維	93.3公克	維他命E	34.6毫克	水	703公克

步驟

1.有機小米	300g
2.有機燕麥片	400g
有機生芝麻	10g
有機葵瓜子	50g
腰果	100g
南瓜子	50g
胡桃仁	50g
枸杞	30g
肉桂粉	5g
葡萄乾	少許
3.麥芽膏	400g
未漂白冰糖	150g
4.穀類脆片	100g

❶ 加水300c.c.煮熟

❷烤箱預熱150℃10分鐘，混合入烤箱烤10分鐘

❸加水400c.c.煮到水剩200c.c.左右

❹趁熱共同拌在一起 → ❺放到模型上壓平、切片

本品是很受歡迎的甜點，若有不愛甜食或限制用糖的讀者，可適量降低未漂白冰糖份量，要注意的是，若降低麥芽糖量，可能會使此高纖維餅無法凝結。

堅果紅椒船

材料

有機紅椒

有機青椒

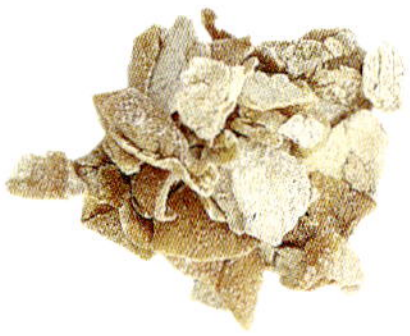

陳皮

有機杏仁

有機生芝麻

有機葵瓜子

有機薏仁

有機南瓜子

蛋白質品質分數

胺基酸	實際比例/標準比例	分數
組胺酸	27.3/19	144%
異白胺酸	46.7/28	167%
白胺酸	76.2/66	115%
離胺酸	47.5/58	82%
甲硫胺酸＋胱胺酸	39.2/25	157%
苯丙胺酸＋酪胺酸	86.7/63	138%
酥胺酸	38.4/34	113%
色胺酸	17.2/11	157%
纈胺酸	61.5/35	176%

營養成分分析表

熱量	955仟卡	維他命A	196IU	鈣	413毫克
蛋白質	34.6公克	維他命B_1	1.53毫克	銅	2.68毫克
碳水化合物	82.1公克	維他命B_2	0.472毫克	鐵	10.9毫克
脂肪（總）	60.5公克	菸鹼酸	6.51毫克	鎂	506毫克
飽和脂肪酸	7.52公克	維他命B_6	0.882毫克	錳	3.04毫克
單元不飽和脂肪酸	21公克	維他命B_{12}	0微毫克	磷	784毫克
多元不飽和脂肪酸	29.3公克	葉酸	188微毫克	鉀	1322毫克
次亞麻油酸	0.288公克	泛酸	3.69毫克	硒	57.8微毫克
亞麻油酸	28.9公克	維他命C	84.8毫克	鈉	20.8毫克
膽固醇	0毫克	維他命D	0微毫克	鋅	11.3毫克
纖維	33.9公克	維他命E	27.8毫克	水	66.6公克

步驟

材料	份量	做法
1.陳皮	100g	❶以3500c.c.開水煮，放冷冰在冰箱中泡陳皮水2天
2.有機薏仁	40g	❷分別泡陳皮水
有機杏仁	25g	分開泡陳皮水1天
有機葵瓜子	50g	分開泡陳皮水1天
有機南瓜子	50g	分開泡陳皮水1天
3.有機青椒	30g	切丁泡陳皮水4小時，
有機紅椒	30g	切丁泡陳皮水4小時，❸另取紅椒（或青椒）切半泡陳皮水4小時
4.有機生芝麻	25g	❹全部拌在一起，塞入紅椒中撒上芝麻

本品不但在視覺上頗賞心悅目，嚐起來又有陳皮的特別香味，無論在喜慶宴會或自家請客，都可令人大呼過癮，是道難得的佳品。

堅果芋泥地瓜糕

材料

有機地瓜

有機芋頭

有機黑芝麻

腰果

有機杏仁

有機南瓜子

有機葵瓜子

胡桃

有機紅扁豆

有機葡萄乾

蛋白質品質分數

胺基酸	實際比例/標準比例	分數
組胺酸	26/19	137%
異白胺酸	43.3/28	155%
白胺酸	71.6/66	109%
離胺酸	45.4/58	78%
甲硫胺酸＋胱胺酸	33.2/25	133%
苯丙胺酸＋酪胺酸	84.1/63	133%
酥胺酸	39/34	115%
色胺酸	13.7/11	125%
纈胺酸	56.1/35	160%

營養成分分析表

熱量	1334仟卡	維他命A	6828IU	鈣	478毫克
蛋白質	33公克	維他命B_1	0.93毫克	銅	3.14毫克
碳水化合物	193公克	維他命B_2	1.16毫克	鐵	13.6毫克
脂肪（總）	54.6公克	菸鹼酸	6.94毫克	鎂	432毫克
飽和脂肪酸	7.34公克	維他命B_6	1.64毫克	錳	3.91毫克
單元不飽和脂肪酸	28.2公克	維他命B_{12}	0微毫克	磷	803毫克
多元不飽和脂肪酸	15.9公克	葉酸	232微毫克	鉀	2415毫克
次亞麻油酸	0.41公克	泛酸	4.2毫克	硒	21.1微毫克
亞麻油酸	15.3公克	維他命C	171毫克	鈉	88.4毫克
膽固醇	0毫克	維他命D	0微毫克	鋅	8.37毫克
纖維	30.4公克	維他命E	48毫克	水	750公克

步驟

材料	份量	步驟
1.有機地瓜	300g	❶用萬能調理機乾杯8速打2分鐘
有機芋頭	500g	❷以萬能調理機乾杯8速打2分鐘，加入芝麻，再打碎
2.有機黑芝麻	20g	❸分別泡水5小時
腰果	30g	
有機杏仁	35g	
有機南瓜子	10g	
有機葵瓜子	8g	
胡桃	7g	
有機紅扁豆	10g	
3.有機葡萄乾	20g	

❹將❸及葡萄乾入模排好 → ❺放入芝麻芋泥、地瓜泥蒸40分鐘 → 蒸完倒扣回來，表面將呈現美麗的圖案，即爲成品

本品沒有任何糕餅類高度氫化脂肪問題。因無蛋糕中所含的奶油、發粉、改良劑、鹽等問題。但其中所含的纖維量也足夠，它可取代生日蛋糕，是極健康的蛋糕，必大受歡迎。

秘密花園

材料

有機紅蘿蔔

腰果

有機香料（煮豆用）

有機亞麻油

有機小麥

有機核桃

天然蔬菜調味料白雪淋燴汁G5

有機花椰菜

有機南瓜子

有機紅糯米

蛋白質品質分數

胺基酸	實際比例/標準比例	分數
組胺酸	24.2/19	128%
異白胺酸	43.2/28	154%
白胺酸	75.6/66	115%
離胺酸	43.1/58	74%
甲硫胺酸＋胱胺酸	37.8/25	151%
苯丙胺酸＋酪胺酸	78.3/63	124%
酥胺酸	35.8/34	105%
色胺酸	13.7/11	124%
纈胺酸	59.1/35	169%

營養成分分析表

熱量	445仟卡	維他命A	453IU	鈣	57.9毫克
蛋白質	11.6公克	維他命B_1	0.223毫克	銅	1.06毫克
碳水化合物	45.2公克	維他命B_2	0.178毫克	鐵	2.98毫克
脂肪（總）	26.7公克	菸鹼酸	1.59毫克	鎂	133毫克
飽和脂肪酸	3.93公克	維他命B_6	0.408毫克	錳	1.3毫克
單元不飽和脂肪酸	11.1公克	維他命B_{12}	0微毫克	磷	265毫克
多元不飽和脂肪酸	10.3公克	葉酸	79.3微毫克	鉀	600毫克
次亞麻油酸	1.47公克	泛酸	1.29毫克	硒	9.01微毫克
亞麻油酸	8.76公克	維他命C	35.7毫克	鈉	39.3毫克
膽固醇	0毫克	維他命D	0微毫克	鋅	3毫克
纖維	6.81公克	維他命E	1毫克	水	194公克

（本成分表回春水、亞麻油未計入）

步驟

1.有機小麥 200g
回春水 100c.c.
→ ❶製成回春水（詳見備註）

2.有機南瓜子 20g
有機核桃 20g
有機紅糯米 30g
→ ❷分別泡水1天

3.天然蔬菜調味料白雪淋燴汁G5 20g

❶、❷、3 → ❸全混合在一起後，以萬能調理機5速打20秒成泥狀

4.有機花椰菜 70g → ❹燙熟
腰果 30g
有機紅蘿蔔 15g → 切絲
有機香料（煮豆用） 5g
有機亞麻油 20c.c.
→ ❺混合在一起

❻將❸置於❺中拌均勻，即爲成品

本品除花椰菜外，餘皆生食。其中的回春水是含酵素極高的一道佳餚。（備註：將小麥種子一杯泡水6～8小時，瀝乾水分，待4天後長出小白芽，以冷開水洗淨，再倒進3倍冷開水泡18～24小時，即可製成回春水。小麥可再泡2次，但水須遞次減少。）

堅果脆片

材料

有機南瓜子

有機芝麻

腰果

有機胡桃

麥芽糖

花生

有機葵瓜子

未漂白冰糖

蛋白質品質分數

胺基酸	實際比例/標準比例	分數
組胺酸	26/19	137%
異白胺酸	41.5/28	148%
白胺酸	71.4/66	108%
離胺酸	43.6/58	75%
甲硫胺酸＋胱胺酸	32.2/25	129%
苯丙胺酸＋酪胺酸	87.5/63	139%
酥胺酸	35.5/34	104%
色胺酸	12.8/11	116%
纈胺酸	54.1/35	155%

營養成分分析表

熱量	3733仟卡	維他命A	21.4IU	鈣	545毫克
蛋白質	110公克	維他命B_1	3.29毫克	銅	6.82毫克
碳水化合物	335公克	維他命B_2	0.785毫克	鐵	23.8毫克
脂肪（總）	242公克	菸鹼酸	36.9毫克	鎂	1228毫克
飽和脂肪酸	34.1公克	維他命B_6	1.96毫克	錳	10.8毫克
單元不飽和脂肪酸	89.8公克	維他命B_{12}	0微毫克	磷	1973毫克
多元不飽和脂肪酸	108公克	葉酸	757微毫克	鉀	4064毫克
次亞麻油酸	7.06公克	泛酸	9.24毫克	硒	80.6微毫克
亞麻油酸	99.8公克	維他命C	4.34毫克	鈉	125毫克
膽固醇	0毫克	維他命D	0微毫克	鋅	24.4毫克
纖維	64.3公克	維他命E	48.5毫克	水	27公克

步驟

1.有機南瓜子	100g	❶烤箱170℃預熱10分鐘烤20分鐘烤乾
有機葵瓜子	60g	
花生	200g	
有機芝麻	100g	
有機胡桃	100g	
腰果	70g	
2.麥芽糖	150g	❷加水200c.c.煮成濃稠狀
未漂白冰糖	200g	

❸將❷拌入烤乾果，置於模型內，以擀麵棍用力壓平再切開，即爲成品

這是一道很受歡迎的喜慶甜點。儘管材料中未加油類，但要注意它屬於高熱量食品，成年人或老年人偶而食之即可。若有限制糖分用量的讀者，可酌量降低糖的份量。

❶

❷

❸

堅果豆奶

材料

有機南瓜子

有機葵瓜子

有機黃豆

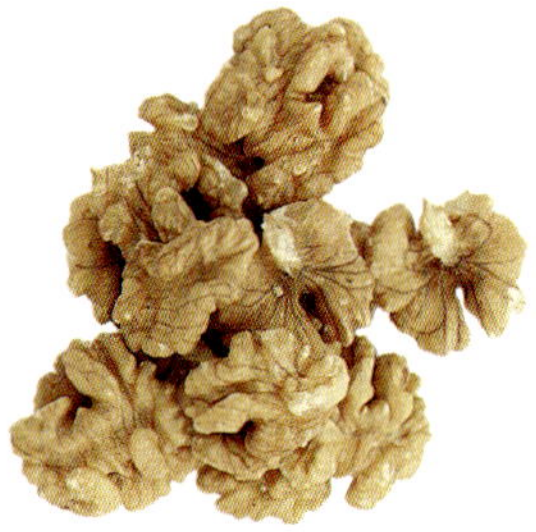

有機核桃

有機褐芝麻

蛋白質品質分數

胺基酸	實際比例/標準比例	分數
組胺酸	27.1/19	143%
異白胺酸	47.8/28	171%
白胺酸	79.7/66	121%
離胺酸	59.9/58	103%
甲硫胺酸＋胱胺酸	33.5/25	134%
苯丙胺酸＋酪胺酸	88.4/63	140%
酥胺酸	41.7/34	123%
色胺酸	15.2/11	138%
纈胺酸	53.3/35	152%

營養成分分析表

熱量	444仟卡	維他命A	3.69IU	鈣	264毫克
蛋白質	25.9公克	維他命B_1	0.795毫克	銅	1.65毫克
碳水化合物	26.9公克	維他命B_2	0.508毫克	鐵	10.6毫克
脂肪（總）	29.2公克	菸鹼酸	1.86毫克	鎂	257毫克
飽和脂肪酸	3.7公克	維他命B_6	0.415毫克	錳	2.11毫克
單元不飽和脂肪酸	7.34公克	維他命B_{12}	0微毫克	磷	532毫克
多元不飽和脂肪酸	16.7公克	葉酸	231微毫克	鉀	1166毫克
次亞麻油酸	1.53公克	泛酸	1.16毫克	硒	11.7微毫克
亞麻油酸	15.1公克	維他命C	3.56毫克	鈉	5.4毫克
膽固醇	0毫克	維他命D	0微毫克	鋅	5.09毫克
纖維	13.7公克	維他命E	7.77毫克	水	6.16公克

步驟

1.有機黃豆	50g	❶泡水5小時，水倒掉
2.有機南瓜子	10g	❷分別泡水5小時，水倒掉
有機葵瓜子	10g	
有機褐芝麻	10g	
有機核桃	12g	

❸以萬能調理機調理，先放入黃豆，再把❷放入，接著倒進550c.c.水，以高速打7分鐘即可飲用，不需濾渣

一般朋友在家中自製豆漿過濾掉的豆渣，其營養約佔全部豆漿的二倍，非常可惜。這是比牛奶營養價值還要均衡的飲品，濃稠度可從水量自行調節，材料上亦可變化。若加入五穀米飯更佳。

1

2

3

什錦拼盤

材料

有機綠扁豆

有機核桃

腰果

有機番茄

青堤子

枸杞

小紅莓

天然蔬菜調味料G9

有機紅扁豆

有機南瓜子

有機葵瓜子

有機鷄蛋

全麥麵包

蛋白質品質分數

胺基酸	實際比例/標準比例	分數
組胺酸	25.3/19	133%
異白胺酸	48.9/28	175%
白胺酸	78.9/66	120%
離胺酸	62.7/58	108%
甲硫胺酸＋胱胺酸	42.3/25	169%
苯丙胺酸＋酪胺酸	85.6/63	136%
酥胺酸	41.4/34	122%
色胺酸	12.4/11	113%
纈胺酸	58/35	166%

營養成分分析表

熱量	1007仟卡	維他命A	439IU	鈣	198毫克
蛋白質	54.2公克	維他命B_1	1.07毫克	銅	1.75毫克
碳水化合物	75.1公克	維他命B_2	1.37毫克	鐵	11.7毫克
脂肪（總）	58公克	菸鹼酸	4.6毫克	鎂	310毫克
飽和脂肪酸	11.3公克	維他命B_6	0.974毫克	錳	2.62毫克
單元不飽和脂肪酸	19.6公克	維他命B_{12}	2微毫克	磷	945毫克
多元不飽和脂肪酸	21.8公克	葉酸	374微毫克	鉀	1463毫克
次亞麻油酸	1.74公克	泛酸	5.36毫克	硒	77.4微毫克
亞麻油酸	19.9公克	維他命C	20.9毫克	鈉	394毫克
膽固醇	848毫克	維他命D	2.65微毫克	鋅	8.99毫克
纖維	17公克	維他命E	13.5毫克	水	261公克

步驟

1.有機綠扁豆	20g	分別泡水5小時	❶ 分別泡水，水倒掉
有機紅扁豆	20g		
腰果	20g	不需泡水	
有機核桃	20g	泡水1天	
有機南瓜子	20g	泡水6小時	
有機葵瓜子	20g		
枸杞	20g	不需泡水	
有機番茄（切丁）	80g		
小紅莓	20g		
青堤子	20g		
2.全麥麵包	35g	切丁	❸ 倒入拌勻即爲成品
有機鷄蛋 2顆	200g	❷ 水煮切小丁	
3.天然蔬菜調味料G9	15g		

本品屬高蛋白食物，適合成長發育較不良的孩子食用，營養充足的現代人類，則適合把本品當佐菜，或少量夾入麵包、饅頭中食用。

1

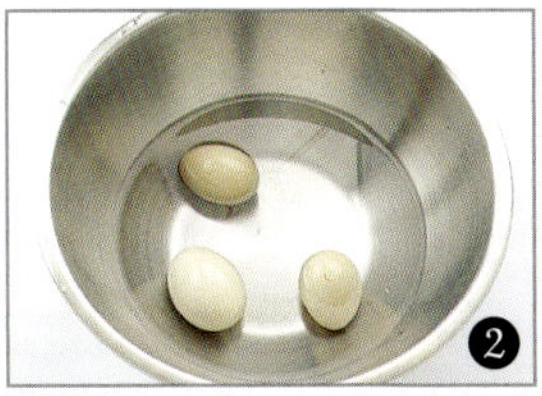

2

3

薏仁堅果拌飯

材料

有機小黃瓜

有機生芝麻

鮮香菇

胡桃仁

有機紅扁豆

有機薏仁（珍珠麥）

南瓜子

有機葵瓜子

天然蔬菜馬鈴薯濃湯 G2

天然蔬菜調味料蘑菇淋燴汁 G6

有機亞麻油

蛋白質品質分數

胺基酸	實際比例/標準比例	分數
組胺酸	25/19	131%
異白胺酸	40.3/28	144%
白胺酸	70.8/66	107%
離胺酸	45.8/58	79%
甲硫胺酸＋胱胺酸	38/25	152%
苯丙胺酸＋酪胺酸	83/63	132%
酥胺酸	35.6/34	105%
色胺酸	15.5/11	141%
纈胺酸	52.2/35	149%

營養成分分析表

熱量	1354仟卡	維他命A	13.1IU	鈣	326毫克
蛋白質	45.8公克	維他命B_1	1.22毫克	銅	2.85毫克
碳水化合物	231公克	維他命B_2	0.613毫克	鐵	14.2毫克
脂肪（總）	32.9公克	菸鹼酸	15.4毫克	鎂	422毫克
飽和脂肪酸	4.23公克	維他命B_6	1.21毫克	錳	5.08毫克
單元不飽和脂肪酸	8.65公克	維他命B_{12}	0微毫克	磷	1016毫克
多元不飽和脂肪酸	18.1公克	葉酸	262微毫克	鉀	1513毫克
次亞麻油酸	1.29公克	泛酸	3.07毫克	硒	122微毫克
亞麻油酸	16.7公克	維他命C	4.45毫克	鈉	33.8毫克
膽固醇	0毫克	維他命D	0微毫克	鋅	10.9毫克
纖維	52.3公克	維他命E	8.95毫克	水	73.5公克

步驟

1. 有機薏仁（珍珠麥）250g —— 泡水6小時，發芽1天
   有機紅扁豆 15g —— 泡水5小時，發芽1天
   → ❶分別泡水 → ❷煮熟
2. 南瓜子 15g
   有機葵瓜子 15g
   胡桃仁 15g
   有機生芝麻 20g
   天然蔬菜馬鈴薯濃湯G2 10g
   → ❸混合加水150c.c.拌勻
3. 有機亞麻油 50c.c.
   → ❹全部混合拌勻
4. 鮮香菇 30g
   有機小黃瓜數片 15g
   天然蔬菜調味料蘑菇淋燴汁G6 15g
   → ❺入鍋拌勻，再淋燴於❹上即爲成品

本品材料的蛋白質含量豐富，適合成長期的兒童食用。若是一般成年人以此爲主食，將不再需要其它含蛋白質、脂肪的食物，頂多佐以生鮮蔬果即可。

❶

❷

❸

❹

❺

附錄

藕根香健康總匯
加盟種類

1. 進口包括海運、空運有機生鮮蔬果聯合採購（適合販賣推廣有機蔬果業者參與。也適合大量採購有機蔬果消費者參與）

2. 有機餐飲材料（大包裝）供應聯合採購（適合開有機飲食餐廳經營者參與）

3. 有機食品、用品加盟（適合販賣推廣有機食品業者參與）

4. 有機餐飲技術轉移加盟（適合開有機飲食餐廳經營者及供應大量有機便當業者參與）

5. 自然醫學加盟（適合喜愛推廣自然醫學業者參與）

以上加盟依個人期待經營範圍，向本公司申請加盟或聯合採購。
經本公司面談、調查後簽適當契約。

本公司網址：http://www.organicnol.com.tw
本公司地址：台北市仁愛路四段27巷4弄16號

徵求有機商店〝加盟連鎖〞

進口空運、海運二十餘種有機的新鮮蔬果

我們將提供數年來經營有機商店的經驗，教您如何認識及選擇有機蔬菜和健康食品。如何調理最健康、最自然的生機飲食餐。我們有全套的教學經驗，並且推出一系列的教學錄影帶和書籍。歡迎有興趣的朋友儘速加盟，共同創業！請直接與敝公司聯絡。

藕根香健康總匯

總公司/台北市仁愛路四段27巷4弄16號　TEL：02－27210832
新竹科園店/新竹市科學區科技五路2－2號 TEL：03－5643457

藕根香健康總匯

自然生活健康講座

台北市仁愛路四段27巷4弄16號　電話：02-27210832　傳真：02-27726397
網址：http：//www.organicgoods.com.tw

范秀琴老師主持

每週四免費課程　初級班　課程內容	
第一堂：健康早餐搭配；排毒水；精力湯	第七堂：排膽結石；自製沙拉醬
第二堂：自製全麥麵包；自製優酪乳	第八堂：果凍DIY；蘿蔔糕製作
第三堂：尋找高能量食物；O環測試；檸檬酸製作與運用	第九堂：癌症病人的自然療法；抗癌果汁
第四堂：補血精力湯；貧血病人的自然療法	第十堂：飲食原則；炒菜方法；水炒菜
第五堂：五穀米飯製作；五穀拌飯；自製五穀奶	第十一堂：排除宿便；涼拌南瓜
第六堂：心血管病人的自然療法；降血脂精力湯製作	第十二堂：體內垃圾排除；涼拌馬鈴薯製作

自然飲食　中級班　課程內容	
第一堂：正確的用油方法	第七堂：芽菜栽種；石紫菜＋芽菜；生菜沙拉壽司製作
第二堂：小麥草栽種；回春水、麥餅製作	第八堂：骨質疏鬆、更年期的自然療法；珊瑚草使用
第三堂：談家庭污染；自製黑豆奶	第九堂：斷食排毒的真意；涼拌海帶
第四堂：水是生命之本，卻被污染極嚴重；如何處置？	第十堂：有機寶寶的營養；燕麥奶粉運用
第五堂：有益菌的重要性；南瓜濃湯調理	第十一堂：美麗與健康如何兼顧；豐胸
第六堂：四季優格機的全方位運用；花生、蓮子、紅棗調理	第十二堂：如何與身體溝通；全麥麵條最好吃的方法

自然飲食　中級班　課程內容	
第一堂：調理機全方位運用；五行蔬菜湯、健康冰淇淋	第七堂：自製全麥蛋糕；養顏果汁DIY
第二堂：目睹體內垃圾；涼拌小黃瓜	第八堂：麵包機的全方位運用；麵包機煮稀飯、果醬製作
第三堂：有機的理論基礎－人靈學說	第九堂：抗癌蔬菜汁；抗癌精力湯製作
第四堂：自然活力有機農耕；自然活力有機產品	第十堂：認識自然療法的真意；涼拌梅漿絲瓜製作
第五堂：生菜沙拉大餐；麥果泥	第十一堂：有機生活花費的規劃；涼拌白蘿蔔製作
第六堂：手、腳、耳朵按摩；顱腔排毒；五行蔬菜湯	第十二堂：對無常應有的準備；山藥的異國風情

專業有機師資培訓班

●每週三、六　A、B兩班同步開課　●報名諮詢專線：02-27210832

有機健康店家名冊

客戶名稱	聯絡人	郵遞區號	聯絡地址	電　話
藕根香健康總匯（總公司）	范秀琴	106	台北市大安區仁愛路四段27巷4弄16號	02-27210832
藕根香健康總匯（錦州店）	范秀琴	105	台北市松山區錦州街435號	02-25033173
綠色小鎮－青年店	王雯欣	100	台北市中正區中華路二段431號	02-23071748
綠色小鎮－信義店	羅巧芬	100	台北市中正區信義路二段1號之45	02-23912917
綠色小鎮－合江店	黃逸珊	104	台北市中山區合江街75號	02-25122609
樸園	黃火盛	100	台北市牯嶺街95巷65號1樓	02-23416557
桃花源	郭聖芬	100	台北市中正區和平西路二段74-1號1樓	02-23056591
湘淳有機園地-棉花田	陳老師	100	台北市信義路二段195號	02-23511787
健園台大店	惠玲	100	台北市常德街１號Ｄ１	02-23821966
青悅	李小姐	100	台北市中正區金山南路一段143號	02-23916265
綠色小鎮－濟南店	曹世祺	100	台北市中正區齊東街86號（詹89645317）	02-23214373
綠色小鎮－東門店	黃琬倫	100	台北市中正區臨沂街79號	02-23278066
綠色小鎮－師大店	陳淑芳	100	台北市中正區泰順街24號	02-23644858
綠色小鎮－台大店	郭沛羽	100	台北市中正區羅斯福路三段283巷38號	02-23696206
雪麗健康食坊	李美玲	103	台北市大同區重慶北路二段70巷33號	02-25582012
旭禾烘培坊	楊錦治	104	台北市五常街53巷8號1樓	02-25046127
大自然有機(馬偕店)	鄭小姐	104	台北市中山北路二段96巷1號	02-25677216
有機傳奇股份有限公司	劉張郁	104	台北市民生東路三段113巷6弄7號1樓	02-27191615
好田園有機蔬菜廣場	陳小姐	104	台北市中山區吉林路247號1樓	02-25429799
大自然	鄭曉芳	104	台北市中山區中山北路二段96巷1號	02-25677216
鄉芝緣	林小姐	104	台北市中山區南京西路252號	02-25564119
無毒的家	陳書悌	104	台北市中山區大直北安路584號1樓	02-25328785
范老師有機健康生活館	范秀琴	105	台北市松山區錦州街435號	02-25033173
里仁事業股份有限公司	郭巧慧	105	台北市南京東路四段141號1樓	02-87707288
無毒的家(民生店)	盧小姐	105	台北市松山區民生東路四段131巷3號	02-25458763
聖德科斯(民生店)	郭先生	105	台北市民生東路五段100號	02-27472750

客戶名稱	聯絡人	郵遞區號	聯絡地址	電　話
佛法山有機蔬菜廣場	楊小姐	104	台北市松江路123巷5號1樓	02-25060346
綠色小鎮－馬偕店	許慶松	104	台北市民生西路45巷7弄24號	02-25318073
大環淨－龍江店	鍾振忠	104	台北市龍江路23號1樓	02-25156568
宏喬	宋爕飄	105	台北市松山區八德路三段74巷64號	02-25703286
長庚	李茂概	105	台北市松山區敦化北路199巷2弄13號	02-25453567
康緹	徐甜香	105	台北市松山區忠孝東路五段508之6號	02-27262897
有機花園	陳小姐	105	台北市松山區民生東路四段103號2樓	02-25459338
阿密利多有機生活館	趙阿御	106	台北市新生南路一段170巷13號	02-23582677
范老師有機健康生活館	范秀琴	106	台北市大安區仁愛路四段27巷4弄16號	02-27210832
新鮮田野	潘朝熙	106	台北市大安區潮州街149-4號1樓	02-23921398
大自然大安店	吳小姐	106	台北市大安路二段134號	02-27054715
健純有機果專賣店	李劍存	106	台北市四維路198巷23號	02-23253658
歡喜地健康世界	林素暖	106	台北市和平東路一段22號	0937-509550
聖德科斯(四維店)	陳小姐	106	台北市四維路14巷8號	02-27013310
老農夫有機蔬菜廣場	廖小姐	106	台北市安和路二段171巷2號1號　85093032	02-27369825
大眾	林師姐	106	台北市大安區延吉街160巷9號	02-27784728
大環淨－瑞安店	鍾振忠	106	台北市大安區瑞安街106號1樓	02-27077168
自然食品	王小姐	106	台北市大安區安和路一段90巷34號1樓	02-27097653
薰衣草花園	黃淑芬	106	台北市大安區永康街14巷3號	02-23278318
健園光復店	蔡美月	110	台北市光復南路447-20號1樓	02-27200467
蒲公英	陳鈺	110	台北市信義區莊敬路341巷16號	02-87890989
綠色小鎮－北醫店	許慶松	110	台北市信義區吳興街220巷23號	02-27370838
健康家庭	周小姐	110	台北市信義區光復南路447-2號	02-27295267
健康廚房	謝昭順	111	台北市士林區忠誠路二段70巷16號	02-28346345
湘淳有機園地士林店	羅小姐	111	台北市士林區榮華街1號	02-28364746
湘淳有機園地文昌店	楊小姐	111	台北市士林區文昌路12號	02-88662989
活悅	吳小姐	111	台北市士林區士東市場125攤位	02-28338353
波羅密	廖絹代	111	台北市士林區芝玉路一段195號	02-28342628
天福門市	江慧珍	111	台北市士林區士東路46巷24號	02-28367126
湘淳有機緣地北投店	林小姐	112	台北市北投區中央北路一段86號	02-28928356

客戶名稱	聯絡人	郵遞區號	聯絡地址	電　話
京原企業股份有限公司	張林木	112	台北市承德路七段401巷971號	02-28932792
綠香	吳俊敏	112	台北市北投區復興四路8巷2號	02-28935757
綠色小鎮－陽明店	陳玉珠	112	台北市北投區忠義街110號	02-28385760
文湖自然有機世界	吳麗雲	114	台北市內湖區環山路一段24巷6號	02-26574780
琴園家生機生活坊	趙雁琴	115	台北市南港區同德路40號	02-26512166
綠色小鎮－景美店	王于青	116	台北市文山區景華街81號	02-29353148
自然天地	王怡萍	116	台北市文山區木柵路一段57-7號	02-22364859
大環淨景美店	鍾振忠	116	台北市文山區景美街148號	02-29307802
大環淨興隆店	吳小姐	116	台北市文山區興隆路三段86號	02-86631860
興隆有機蔬果店	蔣惠民	116	台北市文山區興隆路二段220巷39號	02-29302336
喜萃園有機健康坊	歐陽鳳美	116	台北市羅斯福路五段47-3號1樓	02-89310878
健康有機園	許崇智	116	台北市文山區興隆路二段14號	02-29352347
天天	許月嬌	116	台北市文山區木新路三段278巷9號1樓	02-86612168
紅番茄有機坊	何憲綱	201	基隆市義六路7號	02-24225260
綠精靈	余素惠	201	基隆市信二路311號	02-24273968
綠色小鎮－板橋店	詹益清	220	台北縣板橋市松柏街57號	02-22588880
淨化園	林貴珍	220	台北縣板橋市民族路129巷25號	02-29637531
田園	許麗瑩	220	台北縣板橋市民權路202巷6弄2號	02-29664243
廣綠	蘇進賢	220	台北縣板橋市文昌街24巷3號	02-29654470
豐生	陳寶珠	220	台北縣板橋市南雅南路一段37號	02-29674992
大眾	林美廉	220	台北縣板橋市重慶路167號	02-29558004
羿凡	趙小姐	220	台北縣板橋市文化路二段435號1樓	02-22590086
綠色小鎮－觀光店	廖淑美	220	台北縣板橋市觀光街11號	02-29544348
綠色小鎮－漢生店	陳麗卿	220	台北縣板橋市漢生東路352號	02-29572005
琉璃園	盧光輝	220	台北縣板橋市光武街36巷14號	02-22554446
廣德園	魏芬玉	220	台北縣板橋市四維路256號	02-22565649
蓮懿園	李玉珠	220	台北縣板橋市文化路一段239號	02-29692196
無毒的家	陳毓文	220	台北縣板橋市中正路353號	02-29673974
阿密利多有機生活館	趙阿御	220	台北縣板橋市文化路一段306號	02-22577797
大環淨汐止店	鍾振忠	221	台北縣汐止鎮中興路152之1號	02-26940993

客戶名稱	聯絡人	郵遞區號	聯絡地址	電　話
清新園地天然有機食品	邱老師	231	台北縣新店市中興路一段115號	02-29138613
向陽	張芝湘	231	台北縣新店市北新路二段97巷17號1樓	02-86656698
碧園有機食品店	鄭愛卿	231	台北縣新店市北宜路一段66號	02-86653162
康泉	賴全得	234	台北縣永和市得和路297號	02-29230358
大熊產業股份有限公司	謝小姐	234	台北縣永和市永和路一段113號	02-89238688
綠多康	詹美雲	234	台北縣永和市文化路43號	02-29295532
梅園	陳怡蓉	235	台北縣中和市秀朗路3段10巷14弄76號	02-29406313
惠森	陳貴卿	235	台北縣中和市安和路37號	02-86683227
小瓢蟲－有機坊	林春香	235	台北縣中和市景安路179之1號	02-29492889
光緣	郭素貞	235	台北縣中和市民治街1巷2號	02-22229979
綠源	余成毅	235	台北縣中和市泰和街38巷39號1樓	02-22470765
活水源	方先生	235	台北縣中和市中山路二段3巷22弄9號	02-22436956
綠純園地	蕭國仁	235	台北縣中和市保健路2巷1號	02-86689311
有機素食早餐	李小姐	235	台北縣中和市新生街11之1號	02-27015222
蓮樺	李再興	236	台北縣土城市中央路二段223號	02-22660969
藥不理	陳靜宜	236	台北縣土城市明峰街6巷29號	02-82733159
無毒的家	陳小姐	236	台北縣土城市裕生路64號	02-22737053
光緣	郭素貞	238	台北縣樹林鎮育英街67號	02-26814122
阿密利多有機生活館	趙阿御	238	台北縣樹林鎮保安街一段18之2號	02-26825588
青宴	王繶玟	241	台北縣三重市大同南路8號	02-89729626
原粋粋	吳登緯	241	台北縣三重市仁愛街421號	02-29862999
康富力	陳勝雄	241	台北縣三重市三和路2段14之1號	02-29783010
大愛有機園	林惠玲	242	台北縣新莊市新泰路413巷8號	02-29914508
祖母綠	黃先生	242	台北縣新莊市大安路一段175巷7號1F	02-23250035
康馨有機店	吳美珠	242	台北縣新莊市自立街230號	02-29975993
蒲軒	高小姐	242	台北縣新莊市中和街125巷6號	02-29912995
淨康園	陳圯秀	242	台北縣新莊市新興街34號	02-29960495
彌勒家園	劉萬得	242	台北縣新莊市民安西路38巷5號	02-22040117
綠色小鎮－新莊店	廖招治	242	台北縣新莊市建興街11號	02-89912516
美美有機	李小姐	242	台北縣新莊市四維路209號	02-22038280

客戶名稱	聯絡人	郵遞區號	聯絡地址	電　話
萌園	蔡秀明	243	台北縣泰山鄉民生路17巷6號	02-22965199
菜根園	蔡秀偉	244	台北縣林口鄉麗園一街六巷4號之3	02-26098968
蘆洲大自然	黃麗卿	247	台北縣蘆洲市長安街45號	02-28477471
新格有機	蕭小姐	247	台北縣蘆洲市信義路309號	02-22884097
綠色叢林	褚美玲	248	台北縣五股鄉民義路一段281號	02-22921555
養聖有機園	林小姐	251	台北縣淡水鎮新民街75號	02-26223218
綠昇	李宗次	251	台北縣淡水鎮中正路8巷25號	02-26256028
梅園	李灼深	251	台北縣淡水鎮民生路66號	02-28091843
養聖	林雪琴	251	台北縣淡水鎮新明街75號	02-26223218
美福行	蔡平章	260	宜蘭市民族路254號	039-362774
健康之友	關青鑾	265	宜蘭縣羅東鎮維揚路177號	039-513136
黑羊馬商行	蘇小姐	300	新竹市博愛街78號	03-5716060
榕榕園(新竹)	蔡淑美	300	新竹市牛埔東路270號	03-5381268
慧光佛門文物流通處	戴小姐	300	新竹市博愛街27號	03-5718929
柑仔店股份有限公司	朱思明	300	新竹市科學園路162巷36號	03-5641618
曙光	洪小姐	300	新竹市北大路33號之1	03-5430068
天然生機	林心榆	300	新竹市科學園區科技五路2之2號	03-5643476
增一	曾先生	302	新竹縣竹北市中華路405巷11弄43號	03-5527202
綠田園	郭燕燕	302	新竹縣竹北市三民路353號	03-5530707
綠生活有機世界	劉秀瑩	310	新竹縣竹東鎮長春路1段148號	03-5958675
綠色奇蹟	王小姐	320	桃園縣中壢市中央西路二段16號	03-4026346
綠益有機天然食品	王秀蓉	320	桃園縣中壢市環中東路二段142號	03-4385978
貴竹園	張正興	320	桃園縣中壢市義民路一段130號	03-4937620
綠色奇蹟有機餐飲複合店	林曉君	320	中壢市中央西路二段16號	03-4026346
明慧有機	涂先生	320	桃園縣中壢市中明路156號	03-4922563
有機早點	呂秀月	320	桃園縣中壢市民權路112號	03-4944667
活水源	黃惠芬	325	桃園縣龍潭鄉建國路47號	03-4898009
楊梅有機健康總匯	巫峻毅	326	桃園縣楊梅鎮興隆街322號	03-4884707
蕃薯藤桃園店	許小姐	330	桃園市縣府路130號	03-3334546
活水源	楊永騰	330	桃園市國際路一段1139號	03-3690747

客戶名稱	聯絡人	郵遞區號	聯絡地址	電　話
菩提養生坊	蔡明金	333	桃園縣龜山鄉民生街22號	03-3494295
康力有機	蘇毓如	334	桃園縣八德市廣福路20巷21弄30號	03-3749289
歐陽	歐陽英	338	桃園縣蘆竹鄉福祿一街37號	03-3219900
有機園	林翠枝	403	台中市西區向上路一段126號	04-23019689
宜嘉生鮮便利店	董國昌	403	台中市西區精誠路193號	04-23280116
大台中自然生活本鋪	蔣文發	403	台中市西區向上北路229-2號	04-23055166
喜樂家	吳師姐	403	台中市西區大忠南街86巷20號	04-23786969
甘露股份有限公司	林怡平	403	台中市西區長春街74巷2號	04-23222903
48願佛藝軒生機食品	郭清華	404	台中市北區忠明路549號	04-22036105
台中有機世界	劉麗英	406	台中市北屯區崇德二路二段7號	04-22439195
有機園生物科技工程(股)公司	紀先生	407	台中市西屯區安和路99之38號	04-23588855
人文有機店	陳樹德	407	台中市西屯區西屯路三段101號	04-24629771
健康之道	蔡明究	407	台中市西屯區朝馬路81號	04-22511115
三贏人生澄清店	葉碧蓮	407	台中市西屯區中港路三段116-5號	04-2463-8966
田園有機生活館	洪瑋淩	407	台中市西屯區漢口路一段91號	04-23112688
土博士養生菜園	傅文忠	408	台中市南屯區大墩路896號	04-23196426
淨原養生有機食品屋	黃淑芳	408	台中市南屯區文心一路391號	04-22534555
台灣本草甘露	王儀榕	411	台中縣太平市中山路三段172號	04-23915155
奇美生活本舖	林裕傑	420	台中縣豐原市府前街129號	04-25265577
綠寶園有機食品店	廖慧婷	420	台中縣豐原市市前街115號	04-25154599
三贏人生　豐原店	陳庭愉	420	台中縣豐原市安康路91號	04-25296758
三贏人生(彰基店)	成小姐	500	彰化市中興路158號	04-7258334
彰化天然成	張小姐	500	彰化市南校街148號	04-7258720
彰化三贏人生(民生店)	許秀如	500	彰化市民生路112號	047-200189
波羅蜜生機飲食店	李香蘭	500	彰化市民權路184號	047-247289
生命樹生機坊	張清玉	500	彰化市博愛街65號	04-7297868
北斗天然成	李紅姿	521	彰化縣北斗鎮公所街89巷4號	04-8887728
安安有機健康生活小舖	蔡文貴	521	彰化縣北斗鎮光復路416號	04-8876686
唯心生機飲食	蔡戎娟	557	南投縣竹山鎮下坪里坊坪巷1-20號	049-2645013
嘉義菩提樹餐廳	曾秀蘭	600	嘉義市四維路229號	05-2342489

客戶名稱	聯絡人	郵遞區號	聯絡地址	電　話
大地生機推廣中心	謝富彬	600	嘉義市中正路417號	05-2230863
正豐	黃達博	600	嘉義市中正路515號	05-2225150
崧園	林小姐	613	嘉義縣朴子鎮市東路1之3號	05-3703117
歡喜園	林寶雲	621	嘉義縣民雄鄉文隆村山腳1-123號	05-2065469
迴善	邱永茂	655	雲林縣元長鄉新吉村63之3號	05-7982631
清涼世界興華店	盧小姐	700	台南市中區興華街7號	06-2289896
晨光(台南)	黃小姐	701	台南市東區東安路80號	06-2099-866
有機世界台南店	胡美津	701	台南市東區富農街一段224號	06-2682241
清涼世界西門店	謝老師	704	台南市西門路4段283號	06-2827375
甘露園	謝先生	726	台南縣學甲鎮濟生路216-1號	06-7832061
香積園天然有機食品店	蘇就	741	南縣善化鎮中山路182號	06-5837979
吉事圃有機蔬果店	張秋蜜	802	高雄市苓雅區廣西路146號	07-7518442
信德園	鄭林美珠	807	高雄市三民區民族一路782號之9	07-3429929
里仁事業股份有限公司	柯敏惠	807	高雄市三民區大順二路417號	07-3805895
清涼世界岡山店	黃先生	820	高雄縣岡山鎮壽天路20號	07-6218617
潮州清淨園有機世界	蔡金美	920	屏東縣潮州鎮新生路74號	08-7882337
彩虹觀	鄒小姐	920	屏東縣潮州鎮永春里永德路64號	08-7803618
喜信源	阮慧珠	920	屏東縣潮州鎮三共里明仁巷15號	08-7883271
三彩堂	蔡瑛美	950	台東市中山路380號	089-355605
台東養生園	吳桂蓮	950	台東市新生路426號	089-335217
資生園農場	鄭振吉	970	花蓮市光復街64號	038-343466
花蓮菩提園	盧月娥	970	花蓮市新港街76-3號	038-335733
綠生園	王昱晴	970	花蓮市中正路291號	038-336393
天心有機	蘇雪卿	970	花蓮市國富十街124號	038-565365

國家圖書館出版品預行編目資料

有機雜糧健康食譜 / 范秀琴著.-- 初版.--
臺北市：躍昇文化，1999 [民88]
面； 公分.--(品味誌；99)
ISBN 957-630-562-4 (平裝)

1.食譜 2.禾穀

427.34 88006691

◉品味誌99◉
有機雜糧健康食譜
作 者／范秀琴
圖片攝影／謝文創
發 行 人／吳貴仁
編 審／張榮森
執行編輯／鄭嘉明、林貞慧、魏欣怡
美術編輯／邱元昌
出版發行／躍昇文化事業有限公司
CULTURE & LIFE PUBLISHING COMPANY
社 址／台北市仁愛路四段122巷63號9樓
9F.63.Lane 122 Sec.4 Jen-Ai Rd.
Taipei,Taiwan,R.O.C.
電 話／(02)2705-7118（代表號）
(02)2703-1828
傳眞電話／(02)2702-4333
劃撥帳戶／躍昇文化事業有限公司
劃撥帳號／1188888-8
登 記 證／局版台業字第3994號
法律顧問／謝天仁律師
印 刷／桂林印刷有限公司
發 行／威穎國際有限公司
地 址／台北縣中和市中正路760號5樓
電 話／(02)8221-3733（代表號）
傳眞電話／(02)2702-8989
新加坡總代理／諾文文化事業私人有限公司
NOVUM ORGANUM PUBLISHING HOUSE PTE. LTD.
初 版／1999年8月
初版三刷／2004年3月

定 價／新台幣350元

ISBN 957-630-562-4 (平裝)
版權所有・翻印必究

●本書若有破損缺頁敬請寄回本社更換●
Printed in Taiwan